DEIN
GEHIRN KANN MEHR
ALS DU VERMUTEST

ist ein Imprint der
HEEL Verlag GmbH
Gut Pottscheidt
53639 Königswinter
Tel.: 02223 9230-0
Fax: 02223 9230-13
E-Mail: info@heel-verlag.de
www.heel-verlag.de

Deutsche Ausgabe:
© 2018 HEEL Verlag GmbH

Originalausgabe:
© Éditions First, un département d'Édi8, 2017

Originaltitel: *Votre cerveau est extraordinaire. 50 astuces de mentaliste qui vont vous changer la vie*
Original-ISBN 978-2-412-02291-7

Autor: Fabien Olicard
Covergestaltung, Layout und Illustrationen: Claire Morel Fatio
Coverfoto: Laura Gilli

Deutsche Ausgabe:
Satz: Stefan Witterhold
Übersetzung: Frederik Kugler, Berlin
Lektorat: Ulrike Reihn-Hamburger

Printed in Croatia

ISBN 978-3-95843-629-9

FABIEN OLICARD

DEIN GEHIRN KANN MEHR ALS DU VERMUTEST

50 Tricks des Mentalisten, die Dein Leben verändern werden

**ES IST DAS UNERWARTETE,
DAS MICH IMMER WEITER
VORANTREIBT.**

DANKE.

VORWORT

Danke, dass Sie dieses Vorwort lesen – die sicherlich am wenigsten beachtete Seite in Büchern wie diesen. Ich heiße Fabien Olicard und begeistere mich für alles, was wir zu leisten in der Lage sind. Unser Gehirn ist außergewöhnlich, aber wir könnten auch sagen: „SIE sind außergewöhnlich". Dieses Buch soll Ihnen dabei helfen, genau das festzustellen.

Mein erstes Buch zu schreiben, war ein großes Abenteuer für mich. Es hat mich Monate gekostet, mein ganzes Wissen aufzubereiten, es auf den Punkt zu bringen und die 50 Themen auszuwählen, die ich ansprechen werde (von anfänglich über 200, die mir un-um-gäng-lich schienen!). Heute bin ich aber einfach nur überglücklich, Ihnen mein Buch nun präsentieren zu dürfen, und hoffe, dass Sie viel Spaß daran haben werden. Ich habe entschieden, die Themen zu mischen, um Sie zu überraschen, zum Lächeln zu bringen, zu verblüffen – und um Ihnen zu helfen.

Vielleicht haben Sie mein Buch gekauft, weil Sie mich aus Ihrem Alltag kennen, oder meine YouTube-Videos im Internet ansehen, oder mich zwischen 2011 und heute auf der Bühne erlebt haben, oder einfach, weil das Buch selbst Ihre Aufmerksamkeit erregt hat. Wie auch immer die Antwort lauten mag, alleine die Vorstellung, dass Sie es lesen werden, begeistert mich – wie aufregend! Ich hoffe sehr, dass Sie den einen oder anderen Trick ausprobieren werden, denn damit sie funktionieren, müssen Sie sie einfach nur anwenden!

Ihr
Fabien Olicard

INHALT
NACH KATEGORIE

VERBLÜFFENDE TRICKS

NONVERBALE KOMMUNIKATION

PERSÖNLICHE ENTWICKLUNG

MENTALISMUS
EINE DEFINITION

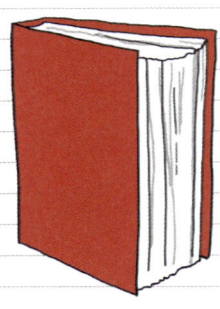

Ich bezeichne mich oft als Mentalisten. Trotzdem habe ich dieses Buch nicht „Werden Sie Mentalist" oder „Anleitung zum Mentalismus" genannt. Und soll ich Ihnen sagen, warum? Weil es ein solches Werk gar nicht wirklich geben kann! Genauso wenig, wie es eine Ausbildung zum Mentalisten gibt.

Verstehen Sie mich nicht falsch, ich will damit nicht sagen, dass solche Werke oder eine solche Ausbildung uninteressant seien. Das Problem liegt woanders: in der Definition des Mentalismus' selbst – und sollte Ihre Auslegung von der des Autors (oder Ausbilders) abweichen, werden Sie zwangsläufig enttäuscht sein.

Bis heute gibt es keine universelle Definition, die Mentalisten oder ihre Disziplin auf einen gemeinsamen Nenner bringt. Manche sprechen von einer Gabe, andere berufen sich auf ihren rationalen Charakter – und alle haben Recht, denn ohne klare Definition kann es per se auch keine falsche Auslegung geben.

Ich verwende das Wort „Mentalist", da ich mich darin am ehesten wiedererkenne. In Wirklichkeit fasziniert mich aber einfach nur alles, was mit unseren mentalen Fähigkeiten zu tun hat. Trotzdem bezeichne ich mich als Mentalisten beziehungsweise habe ich mich zu einem ernannt. Niemand hat mich in diesen Stand erhoben. So war es in meinem Fall und so war es bei allen anderen auch: Wir haben uns alle selbst ernannt.

Tatsächlich definieren sich alle Mentalisten auf ihre eigene Art. Wenn Sie also etwas von einem Mentalisten lesen, ihn beauftragen, von ihm lernen möchten oder ihm einfach nur zusehen, dann sollten Sie auch wissen, wie er sich und seine Arbeit versteht. Ich wiederhole: seine Definition ist weder gut, noch schlecht, sondern einfach nur die seine.

Fragen Sie sich jetzt, welche die meine ist? Richtig so!

Ich für meinen Teil glaube, dass der Mentalismus auf unsere angeborenen psychischen Fähigkeiten abzielt und uns dabei helfen soll, leistungsstärker, autonomer und zufriedener zu werden. Gleichzeitig dient er der Zerstreuung und hilft uns, andere zu beeindrucken, zu verblüffen oder zu bewegen.

Die Mittel, die ich einsetze, stammen aus den Bereichen der Psychologie, der Suggestion, der Deduktion, der Zauberei, der Mnemotechnik und der Visualisierung.

Alles, was ich auf der Bühne oder in einem Video zeige, ist zu 100% nachvollziehbar und erklärbar. Ich besitze weder eine bestimmte Macht noch eine unerklärliche Gabe. Was ich kann, können auch Sie – wenn Sie bereit sind, ein wenig zu investieren (dazu gehören Lernwille, Recherche, Neugierde, Training, etc.).

Ich hoffe, dass ich mit dieser zwar sehr theoretischen, aber notwendigen Definition für Aufklärung sorgen konnte. Was auch immer geschieht, vergessen Sie eines nicht: Sie und Ihr Gehirn können mehr als Sie vermuten!

**... IHR GEHIRN
WURDE SOEBEN BEEINFLUSST**

UND ZWAR VON MIR ...

BEEINFLUSSEN SIE
MIT WORTEN EINE WAHL

Eine Wahl ist eine Entscheidung, und Entscheidungen folgen einem Muster. Wenn man dieses Muster versteht, kann man Entscheidungen und somit eine Wahl lenken. Zu kompliziert? Im Klartext heißt das: Wenn man die Gedankengänge einer Person durchschaut, kann man ihre Wahl vorhersehen oder sogar beeinflussen. Dafür muss man kein Genie sein, einige wenige psychologische Kenntnisse reichen aus.

➡ 1. Legen Sie diese drei Münzen vor einer Person hin.

➡ 2. Sagen Sie folgende Sätze (Ich erkläre sie Ihnen gleich im Anschluss):
„Ich habe drei Münzen, von denen du gleich eine auswählen sollst. Nicht, um sie zu behalten, sondern nur für einen kleinen Test. Ich werde sie dir nun kurz beschreiben.

> Erwähnen Sie auf keinen Fall den Aspekt der Einflussnahme. Genau deswegen kann ich diesen Trick auch nicht an Ihnen selbst ausprobieren: die Kenntnis darüber würde den klassischen Prozess der Entscheidungsfindung zunichtemachen. Erklären Sie jedoch, dass es nicht darum geht, die Münze zu behalten, da die Person sonst einfach die 2-Euro-Münze nehmen würde.

„Ich habe hier eine 1-Euro-Münze, die sehr reizvoll ist, da sie aus zwei wertvollen Edelmetallen zu bestehen scheint, aus Silber und Gold. Da hat man direkt Lust, zuzugreifen."

> Direkte Aufforderungen führen zum gegenteiligen Ergebnis, da Menschen autonome Entscheidungen treffen möchten. Sie wollen nicht „wie alle anderen" sein.

„Dann hätte ich noch eine 2-Euro-Münze, die besonders auffällt, weil sie in der Mitte liegt – und am meisten wert ist. Die würdest du sicher noch lieber nehmen."

Direkte Aufforderungen führen zum gegenteiligen Ergebnis, da Menschen autonome Entscheidungen treffen möchten. Sie wollen nicht „wie alle anderen" sein.

„Und hier die letzte Münze, die eigentlich nichts Besonderes ist. Allerdings erinnert sie mich an meinen Großvater, der immer gesagt hat: Wer den Pfennig nicht ehrt, ist des Talers nicht wert."

Dieser Satz hat es in sich. Zuallererst erwähne ich meinen Großvater, ohne traurig zu sein – ganz im Gegenteil! Außerdem erzähle ich eine Anekdote im Storytelling-Stil und spreche von meinem Großvater, wechsle also auf die Gefühlsebene und drehe „am Rad der Erinnerung". Ich wecke also Emotionen und erwähne bewusst die Münze nicht – was sie besonders macht!

„In wenigen Sekunden wirst du dich für eine der Münzen entscheiden, für die 2-Euro-Münze, die 1-Euro-Münze oder die andere. Du darfst nur eine wählen. Triff deine Entscheidung zunächst im Kopf, bestimmt hast du schon eine kleine Ahnung, welche es sein soll. Nur zu, nimm sie dir!"

Sprechen Sie ruhig und gelassen. Ich habe mehrmals „eine" gesagt, um auf „die Eine" hinzuweisen, und in einer Art „Collage" noch einmal alle Münzen erwähnt, dabei aber die 1-Cent-Münze hervorgehoben, indem ich sie als „die andere" bezeichnet habe. Zu guter Letzt habe ich noch ein wenig Gesprächshypnose betrieben. Soll ich Ihnen sagen, wie? „Kleine Ahnung" wird mit „kleine Münze" assoziiert und das direkt angeschlossene „nimm sie dir" fordert dazu auf, nach der „kleinen Münze" zu greifen.

 3. Wenn alles wie geplant läuft, wird die Testperson nach der 1-Cent-Münze greifen. Für mehr Effekt, können Sie vorher „DU WIRST DIE 1-CENT-MÜNZE NEHMEN" auf einen Zettel schreiben, ihn zur Seite legen und danach von der Testperson vorlesen lassen.

Sollte sich die Testperson für eine andere Münze entscheiden, ist es auch nicht schlimm. Keine Einflussnahme funktioniert zu 100% – zum Glück! Behalten Sie trotzdem im Hinterkopf, dass sich das Rad immer weiterdreht ... beim nächsten Mal klappt es bestimmt! Sie können auch eigene Konzepte der Beeinflussung entwickeln (aber bitte nur wohlwollende!), indem Sie auf meiner Methode aufbauen.
Spielen Sie mit den Worten, lassen Sie sie im Kopf hin und her tanzen und lernen Sie, wie man Entscheidungen lenkt. Vergessen Sie jedoch nie, dass es immer nur um den Spaß gehen sollte.

Soll ich Ihnen etwas verraten? Auch ich wurde beeinflusst, und zwar während ich dieses Kapitel geschrieben habe. Am 12. Januar 2017 rief ich in den Sozialen Medien dazu auf, mir 5 beliebige Wörter zuzuschicken, und am 1. Februar 2017 habe ich in einem YouTube-Video erklärt, dass ich nach dem Zufallsprinzip eine der Wortkombinationen auswählen und in einem Kapitel dieses Buches unterbringen werde. Via Facebook habe ich dann Mélanie K. ausgewählt, und ihre 5 Wörter waren: Collage, tanzen, Genie, traurig, Rad.
Haben Sie sie entdeckt?

DIE WUNDERWAFFE FÜR IHR GEDÄCHTNIS:
DIE ERINNERUNGSTABELLE

Die Erinnerungstabelle ist die beste Methode, um das Gedächtnis zu trainieren. Sie ist wie ein Schweizer Taschenmesser ein Alleskönner und lässt sich gut mit anderen Methoden kombinieren (Gedächtnispalast, personalisierte Systeme, PVO*, empirisches Lernen, etc.). Der Grundgedanke ist relativ simpel: Zahlen und Werte stellen für Ihr Gehirn abstrakte Einheiten dar, die Sie codieren müssen, damit sie konkret werden. Diesen Code sollten Sie am Ende besser beherrschen als das Alphabet! Danach können Sie sich alles ganz leicht merken: Listen, die wichtigsten Stichpunkte aus einem Kurs, einer Rede oder Konferenz, alle möglichen Zahlenfolgen, etc.

Es gibt auch verschiedene mnemotechnische Verfahren, die bei der Erstellung Ihrer Erinnerungstabelle helfen können. Ich empfehle Ihnen aber, auf der Basis IHRER Logik IHREN eigenen Code zu entwickeln, da dieser IHRE Art zu denken reflektiert.

Überlegen Sie sich zu jeder Zahl von 0 bis 100 ein entsprechendes Bild.
Machen Sie das, indem:
➡ Sie sich eine ähnliche Form vorstellen (die „2" erinnert Sie evtl. an einen Schwan)
➡ Sie assoziieren (die „13" könnte für eine schwarze Katze stehen oder die „40" für Alibabas Räuber)
➡ Sie das Wort anders aussprechen (die „Einssssss" klingt dann evtl. wie ein Luftballon, aus dem die Luft entweicht oder wie das Züngeln einer Schlange)
➡ indem Sie Reime bilden (die „4" wird zu Bier, die „5" zu Strümpf, o.ä.)
➡ etc.

Sie können auch eigene mnemotechnische Regeln entwickeln:
➡ die Bilder von Zahlen, die mit einer 3 beginnen, könnten mit einem „C" anfangen, da „C" an „Zeh" erinnert und aus 3 Buchstaben besteht (je dämlicher die Logik, desto besser kann man sie sich merken).

*Person-Verb-Objekt-System

(→) **1.** Überlegen Sie sich Ihre persönlichen Bilder von 0 bis 9

	BEISPIELBILDER	IHRE BILDER
0	Ei	
1	Tannenbaum	
2	Schwan	
3	Geweih	
4	Bier	
5	Hand	
6	Lottoschein	
7	Zwerge	
8	Yacht	
9	Katze (neun Leben)	

Lassen Sie sich ein bis zwei Tage Zeit, um die Bilder zu lernen und abzuspeichern. Sie sollten die Bilder problemlos den Zahlen zuordnen können und umgekehrt!

→ 2. Fahren Sie fort mit Ihren Bildern von 10 bis 19

	BEISPIELBILDER	IHRE BILDER
10	Bibel (zehn Gebote)	
11	Fußballmannschaft	
12	Geist (12 Uhr, Mitternacht)	
13	Schwarze Katze	
14	Herz (Valentinstag)	
15	Fuß (fünf Zehen)	
16	Teenager	
17	Sieb	
18	Führerschein	
19	Abendessen (19 Uhr)	

Nehmen Sie sich wieder genug Zeit, um die Bilder zu lernen, und binden Sie bei jedem neuen 10er-Schritt die zuvor gelernten Bilder mit ein. Gehen Sie erst zu den nächsten 10 Bildern über, wenn Sie die vorherigen sicher beherrschen. In weniger als einem Monat werden Sie Ihre Erinnerungstabelle verinnerlicht haben und nie wieder vergessen!

Und hier just for fun Beispiele für Ihre nächsten zwanzig Bilder:

	BEISPIELBILDER	IHRE BILDER
20	Danzig	
21	Spielkarte (17 und 4)	
22	Zoo (zwoundzwanzig)	
23	Dreizack	
24	Weihnachtsbaum	
25	Kleiderbügel	
26	Rotkohl	
27	Siegessäule	
28	Februar	
29	Saturn	
30	Reisig	
31	Feuerwerk	
32	Zweig	
33	Drillinge	
34	DIN-A4-Blatt	
35	Chanel No. 5	
36	Saxophon	

37	Die glorreichen 7	
38	Frachter	
39	Drei Katzen	

Wenn Sie sich von nun an Zahlen oder eine Liste einprägen müssen, können Sie Ihre Bilder einfach mit den entsprechenden Zahlen oder Dingen assoziieren.

BEISPIEL:

Ich darf im Supermarkt nicht vergessen, folgende Produkte einzukaufen: Äpfel, Waschmittel, Bananen, etc.

Ich stelle mir vor: einen Tannenbaum, an dem ich Äpfel aufhänge, einen blütenweiß gewaschenen Schwan, an einem Geweih hängende Bananen etc.

Stellen Sie sich Ihre Bilder ein bis zwei Sekunden vor, um Sie im Kurzzeitgedächtnis abzuspeichern. Wenn Sie „1" denken, werden Sie automatisch am Tannenbaum aufgehängte Äpfel vor sich sehen ... Das ist fast schon Magie! Umgekehrt funktioniert es aber auch! Wenn Sie „Apfel" denken, werden Sie Ihren Tannenbaum sehen ... Also: „1".

Wir werden uns im Verlauf dieses Buches noch ausführlicher mit Erinnerungstechniken befassen, für die Sie Ihre Tabelle hinzuziehen können, um bessere Ergebnisse zu erzielen. Sie sollten dieses Hilfsmittel also nicht vernachlässigen, es wird Ihnen noch nützlich sein.

ZIEHEN SIE IM KOPF
EINE QUADRATWURZEL

Wussten Sie schon, dass Sie gut in Mathe sind? So! Bitte sehr und auf Wiedersehen. Haaalt!!!! Nicht das Buch zuschlagen! Ich versichere Ihnen, dass Sie auf jeden Fall mathematisches Verständnis haben. Es ist uns angeboren! Unser Gehirn, unser Denken und unsere Schlussfolgerungen basieren auf Mathematik. Vielleicht gefällt Ihnen ja nur ihre bildliche Übertragung in unseren Schulalltag nicht (Die „6" ist doch nur ein Zeichen, das für eine beliebige Zahl steht.). Okay, ich schweife ab ... Also: Sie sind so gut in Mathe, dass Sie am Ende dieses Kapitels eine zweistellige Quadratwurzel ziehen können.

Erinnern Sie sich noch an die Quadratzahlen von 0 bis 9? Keine Sorge, Sie müssen sie nicht auswendig lernen, Sie kennen die Ergebnisse doch schon!

0	0
1	1
2	4
3	9
4	16
5	25
6	36
7	49
8	64
9	81

Um die Methode nachzuvollziehen, ermitteln wir eine zweistellige Quadratwurzel, **zum Beispiel aus 2116.**

→ 1. DIE ZEHNERSTELLE

Betrachten Sie nur die Ziffern links von der Zehnerstelle der Zahl, deren Wurzel Sie ziehen möchten. In unserem Beispiel sind es zwei Ziffern: **21**16. Es könnten auch eine oder drei Ziffern sein, doch in unserem Beispiel sind genau zwei, und sie bilden die Zahl „21". Integrieren Sie die Zahl nun gedanklich in die Tabelle der Quadratzahlen von „1" bis „9". In unserem Beispiel befindet sich die „**21**" zwischen dem Quadrat von „4" (16) und dem Quadrat von „5" (25).

1	1
2	4
3	9
4	16

21

5	25
6	36
7	49
8	64
9	81

Die Zehnerstelle unserer Wurzel entspricht immer der niedrigeren der beiden Quadratzahlen, zwischen denen unsere Zahl steht. In unserem Beispiel ist die Quadratzahl vor unserer „**21**" die „16" (das Quadrat von „4"). Also ist die Wurzel, die wir suchen, die „**4**". Eine letzte Sache noch: Merken Sie sich immer, an welcher Wurzel Ihre Zahl näher dran ist. In unserem Fall ist die „21" näher an der höheren Zahl, der „25", als an der niedrigeren, der „16". Merken Sie sich also „höher" (oder umgekehrt „niedriger"). Ich weiß, geschrieben klingt es schwieriger als es ist, aber lassen Sie sich davon nicht abschrecken. Nehmen Sie sich die Zeit, die Sie brauchen, um das Beispiel zu verstehen, dann werden Sie sehen, wie einfach es ist.

→ 2. DIE EINERSTELLE

Die Einerstelle unserer Wurzel ist sogar noch leichter zu ermitteln. Betrachten Sie hierfür die Einerstelle der Zahl, deren Wurzel Sie ziehen möchten: 2116. In unserem Beispiel also die „6". Sehen Sie jetzt in der Tabelle nach, welche Quadratzahlen von „1" bis „9" mit derselben Einerstelle abschließen.

Es gibt zwei grundsätzliche Regeln:

➡ Ihre Einerstelle ist eine „5" oder eine „0"? In diesem Fall ist auch die Einerstelle Ihrer Wurzel eine „5" oder eine „0".

➡ Ihre Einerstelle ist eine „1", „4", „6" oder „9"? In diesem Fall müssen Sie eine letzte Sache herausfinden, da es zwei mögliche Einerstellen gibt.

In unserem Beispiel weist die „**6**" von „2116" deutlich darauf hin, dass die Einerstelle unserer Wurzel eine „6" (die Quadratzahl ist 3**6**) oder eine „4" (die Quadratzahl ist 1**6**) sein muss. Wissen Sie noch, wie ich Sie im vorherigen Schritt darum gebeten hatte, sich „höher" oder „niedriger" zu merken? Gut, denn auf dieser Basis werden wir jetzt unsere Entscheidung treffen. Ich hatte mir „höher" gemerkt, also wähle ich die höhere Zahl. Die Einerstelle ist die „**6**".

➡ **Die Wurzel aus 2116 ist folglich 46.**

Ich habe soeben eine Methode verschriftlicht, die Sie innerhalb von dreißig Sekunden im Kopf lösen können. Beim erstmaligen Lesen werden Sie vielleicht etwas verwirrt sein. Das ist ganz normal. Lassen Sie sich Zeit und lösen Sie die zwei folgenden Beispiele, um die Methode zu verinnerlichen. Sie werden sehen, wie einfach sie ist.

4624
4624, also ist die erste Stelle: ....
4624, also merke ich mir „höher" oder „niedriger": ....
462**4**, also ist die zweite Stelle: ....
4624, also ist die Wurzel: ....

169
169, also ist die erste Stelle: ....
169, also merke ich mir „höher" oder „niedriger": ....
16**9**, also ist die zweite Stelle: ....
169, also ist die Wurzel: ....

Bravo*! Eine letzte Sache noch: Noch einfacher ist es, eine Kubikwurzel zu ziehen oder die fünfte Wurzel ... aber dazu später mehr!

BONUS: ZUR ÜBUNG

Warum nicht das Nützliche mit dem Angenehmen verbinden? Erklären Sie jemandem, dass Sie die Gabe haben, eine Wurzel im Kopf zu ziehen. Bitten Sie die Person, mit einem Taschenrechner oder auf dem Handy eine zweistellige Zahl mit sich selbst zu multiplizieren (also ins Quadrat zu setzen). Lassen Sie sich das Ergebnis auf dem Bildschirm zeigen ... denken Sie einige Sekunden nach ... und teilen Sie der Person die Ausgangszahl mit. Sollte es Ihnen nicht gelingen, die Person zu verblüffen, dann hat sie dieses Buch wohl auch gelesen!

* Ist Ihnen aufgefallen, dass die zweite Stelle der Quadratwurzel nie eine 2, 3, 7, oder 8 ist? Sehr gut! Die Lösungen zu den beiden Beispielen lauten „68" und „13".

HELLSEHEN
UNTER FREUNDEN

Beeinflussen Sie Ihre Freunde mit diesem Buch! Stellen Sie es dafür einfach zwischen sich und einem Ihrer Freunde auf, bitten Sie ihn oder sie, sich eines der vielen Symbole auszusuchen ... und erraten Sie es! Ich nenne das Hellseherei mit freundschaftlichem Touch oder spielerisch-mathematische Hellsichtigkeit (ich liebe es, Ausdrücke zu erfinden!)

1. Stellen Sie das Buch mit den Klappen zu einem Dreieck auf.

In diesem Schritt sollten die Rückseite und die vordere Klappe (die mit den buntgemischten Symbolen) nach außen zeigen. Einige Symbole sind mehrfach abgebildet, um eine sehr große Auswahl zu suggerieren. In Wirklichkeit sind es nur 16 unterschiedliche Symbole.

➜ Kreis	➜ Stern
➜ Kreuz	➜ Dreieck
➜ Raute	➜ Gehirn
➜ Spirale	➜ Pfeil
➜ Auge	➜ Kubus
➜ Herz	➜ Fragezeichen
➜ Mond	➜ Unendlichkeitszeichen
➜ Würfel	➜ Wellen

2. Bitten Sie die Person, sich im Geheimen eines der Symbole auszuwählen, es sich zu merken und Ihnen Bescheid zu geben, wenn sie bereit ist.

3. Klappen Sie nun die hintere Klappe (die mit den vier Feldern) über die vordere Klappe.

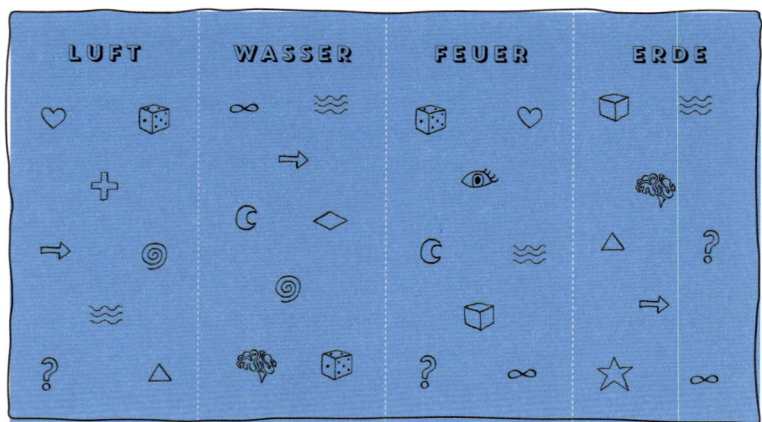

Erklären Sie der Person, dass jedes Feld einem der vier Elemente (Luft, Wasser, Feuer, Erde) entspricht und dass sich in jedem Feld 8 unterschiedliche Symbole befinden.

LUFT	WASSER	FEUER	ERDE
Fragezeichen	Würfel	Fragezeichen	Fragezeichen
Würfel	Wellen	Würfel	Wellen
Kreuz	Pfeil	Wellen	Pfeil
Wellen	Spirale	Herz	Dreieck
Pfeil	Raute	Unendlichkeits-zeichen	Infini
Spirale	Unendlichkeits-zeichen	Mond	Gehirn
Herz	Mond	Auge	Kubus
Dreieck	Gehirn	Kubus	Stern

➡ **4.** Bitten Sie die Person, sich auf das Feld LUFT zu konzentrieren, nach ihrem Symbol zu suchen und Ihnen mitzuteilen, ob sie es gefunden hat. Dasselbe gilt für die Felder WASSER, FEUER und schließlich ERDE.

➡ **5.** Verkünden Sie nun so hochtrabend wie möglich, an welches Symbol die Person die ganze Zeit gedacht hat.

Das Geheimnis: Hinter den Symbolen verbergen sich eine mathematische Formel sowie eine mnemotechnische Methode, die ich zusätzlich eingebettet habe, um Ihnen das Leben zu erleichtern.

Das Wichtigste zuerst: Ich habe allen Feldern einen Wert zugeschrieben, der sich mit jedem Feld verdoppelt.

LUFT	WASSER	FEUER	ERDE
2	4	8	16

Leichte Variante: Addieren Sie jedes Mal, wenn die Person ihr Symbol in einem der Felder gefunden hat, den Wert des jeweiligen Feldes. Ist ihr Symbol nicht dabei, zählt auch das Feld nicht. Das heißt also, dass die Person Ihnen bei jedem Feld mitteilen muss, **ob sie ihr Symbol gesehen hat oder nicht.**

> BEISPIEL: Hat sie das „Gehirn" ausgewählt, wird sie es im Feld „LUFT" nicht finden (zählen Sie 0), dafür aber im Feld „WASSER" (addieren Sie 4). Ebenso wird sie es nicht im Feld „FEUER" finden (addieren Sie 0), dafür aber wieder im Feld „ERDE" (addieren Sie 16). Das Ergebnis, das Sie im Kopf addiert haben, lautet 20 (4 + 16).

Schwere Variante: Beobachten Sie die Reaktionen der Person und teilen Sie ihr mit, wann sie ins nächste Feld wechseln kann. Bitten Sie sie, das erste Feld (LUFT) schweigend zu betrachten und das Symbol zu fixieren, wenn sie es sieht. Warten Sie einige Sekunden, um herauszufinden, ob sie „fokussiert" (was bedeutet, dass sie das Symbol gefunden hat) oder ob ihre Augen „schweifen" (was bedeutet, dass das Symbol nicht dabei ist). Da sie die ganze Zeit schweigen wird, liegt es alleine an Ihnen, herauszufinden, in welchen Feldern sie ihr Symbol tatsächlich gesehen hat.

> BEISPIEL: Hat sie das Symbol „Herz" ausgewählt, wird sie es im Feld „LUFT" finden (zählen sie 2), dafür aber nicht im Feld „WASSER" (addieren Sie 0). Ebenso wird sie es im Feld „FEUER" finden (addieren Sie 8), allerdings nicht im Feld „ERDE" (addieren Sie 0). Das Ergebnis, das Sie im Kopf addiert haben, lautet 10 (2+8).

TRICK 1

Es gibt zwei einfache Tricks, um sich die Abfolge der Felder und Werte zu merken.
➡ Die Werte der Felder sind steigend und verdoppeln sich jedes Mal: 2 – 4 – 8 – 16
➡ Lernen Sie die Reihenfolge der Felder auswendig: LUFT – WASSER – FEUER – ERDE

Um das Symbol zu bestimmen, müssen Sie nur noch Ihr berechnetes Ergebnis mit dem Symbol verknüpfen.

0	Kreis	16	Stern
2	Kreuz	18	Dreieck
4	Raute	20	Gehirn
6	Spirale	22	Pfeil
8	Auge	24	Kubus
10	Herz	26	Fragezeichen
12	Mond	28	Unendlichkeitszeichen
14	Würfel	30	Wellen

Merken Sie sich die Tabelle mit Hilfe Ihrer **Erinnerungstabelle** (siehe Seite 13) – oder wenden sie Trick 2 an!

TRICK 2

Ich habe die Symbole auch auf der Rückseite des Buches platziert. In der oberen Zeile befinden sich von links nach rechts die ersten 8, zählen Sie also im Kopf 0 – 2 – 4 – 6 – 8 – 10 – 12 – 14, und in der unteren Zeile die letzten 8, also 16 – 18 – 20 – 22 – 24 – 26 – 28 – 30.

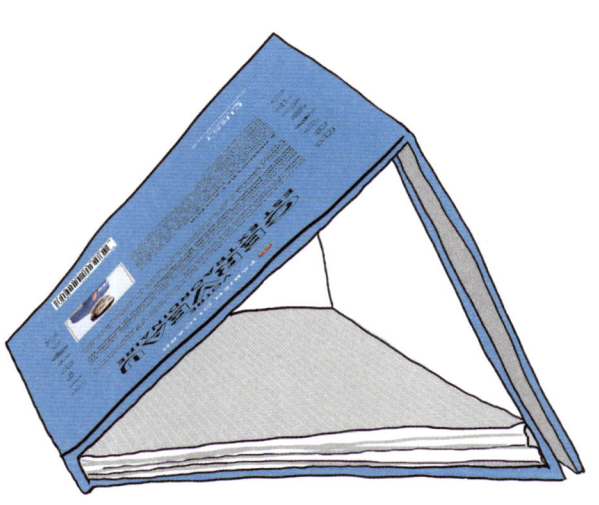

UNTERSCHEIDEN SIE
EIN ECHTES LÄCHELN VON EINEM FALSCHEN

Unsere Wohlfühlgesellschaft bevorzugt lächelnde Menschen. Und dabei spreche ich noch nicht einmal von den Sozialen Netzwerken (und spreche doch über sie, indem ich sage, dass ich nicht über sie spreche ... et voilà ... ein Paradoxon!). Wie dem auch sei, es gehört zum guten Ton, seine Emotionen hinter einem Lächeln zu verstecken. Dies kann in bestimmten Situationen dazu führen, dass Sie eine Situation falsch einschätzen. Doch zum Glück gibt es eine Methode, ein echtes Lächeln von einem falschen zu unterscheiden.

In den 1980er-Jahren führte Paul Ekman eine Reihe von Versuchen durch, um die Erkenntnisse des wegbereitenden Neurologen Duchenne de Boulogne (1806–1975) weiter auszuführen. Er hatte damit begonnen, die Muskeln zu bestimmen, die mit unseren Emotionen in Verbindung stehen. Duchenne hatte zum Beispiel entdeckt, dass ein echtes, aufrichtiges Lächeln den Augenringmuskel (orbicularis oculi) aktiviert. Nach einigen Monaten der Recherche und verschiedener Tests gelang es Ekman und seinem Team, Duchennes Hypothese wissenschaftlich zu belegen. Und das Verrückte ist, dass das überall auf der Welt so ist! Sei es nun bei einem 20-jährigen Berliner oder einem Stammesmitglied vom Amazonas! Ein aufrichtiges Lächeln aktiviert immer den Augenringmuskel! Noch überraschender ist, dass nur sehr wenige Menschen diesen Muskel auf Kommando aktivieren können, und dass diejenigen, die es tatsächlich schaffen, nicht beide gleichzeitig in Bewegung setzen können. Paul Ekman entschied, das aufrichtige Lächeln als Hommage an den Wegbereiter „Duchenne Smile" zu nennen, also „Duchenne-Lächeln".

➡ 1. BEOBACHTEN SIE

Wenn Sie ein Lächeln analysieren möchten, sollten Sie das übrige Gesicht außer Acht lassen und sich auf die Augen konzentrieren. Beobachten Sie ganz genau die Augenwinkel und kontrollieren Sie, ob sich „Krähenfüße" bilden. In diesem Fall heben sich die Wangen leicht an und die Ringe unter den Augen verschwinden.

⬛ 2. ÜBEN SIE

Eine gute Übung sind Filme oder Internetvideos. Drücken sie auf Pause, wenn jemand lächelt, und verdecken Sie die untere Gesichtshälfte mit Ihrer Hand. Sie werden überrascht sein, wie unterschiedlich ein Lächeln ausfällt, wenn Sie sich nur auf die obere Gesichtshälfte konzentrieren.

Vergessen Sie jedoch nicht, dass ein falsches Lächeln nicht zwangsläufig etwas Schlechtes ist. Es handelt sich oft um ein soziales Lächeln, das dazu gedacht ist, die Beziehungen mit anderen Menschen zu pflegen. Es sorgt unter anderem dafür, dass Unterhaltungen entspannter ablaufen. Trotzdem ist es immer wieder eine Freude, ein echtes Lächeln zu entdecken!

SPRECHEN SIE
EINEN FREMDEN AN

Erinnern Sie sich noch, wie Sie einen Ihrer Freunde zum ersten Mal angesprochen haben? Heute stellt sich die Frage nicht mehr, aber geben Sie schon zu: Es erfordert immer etwas Mut, eine Person anzusprechen, die man noch nicht kennt.

Wenn es darum geht, jemanden anzusprechen, denkt man gleich an Romantik oder Verführung, doch müssen wir diesen Schritt auch in anderen Situationen wagen, zum Beispiel im Arbeitsleben, in Gesellschaft oder auf einer Party, wenn man nicht alleine dastehen möchte. Unsere Unsicherheit gründet meist in dem Willen zu gefallen, und natürlich möchte man nicht als uninteressant gelten. Aber wie spricht man jemanden an, ohne sich aufzudrängen? Hier meine 5 Techniken:

➡ 1. DAS INNERE LÄCHELN

Wahrscheinlich versteht es sich von selbst, aber Sie müssen Selbstvertrauen ausstrahlen. Ich spreche hier vom „inneren Lächeln". Strahlen Sie wie jemand, der mit sich im Reinen ist. Oder hätten Sie etwa Lust, von jemandem angesprochen zu werden, der sich vor Ihnen windet und unwohl fühlt? Eben! Bereiten Sie sich also gedanklich auf das Gespräch vor, fühlen Sie sich wohl in Ihrer Haut, atmen Sie durch. Gönnen Sie sich diese wenigen, wertvollen Augenblicke, bevor es heißt: lächeln und ab durch die Mitte!

➡ 2. KONTEXT VERBINDET

Versuchen Sie nicht, ins Schwarze zu treffen. Dieser Ratschlag scheint gegen jede Logik, doch er ist sehr effizient. Das beklemmende Gefühl vor einem Gespräch mit einer unbekannten Person gründet in Ihrer Angst vor Zurückweisung. Wenn Sie sich im Vorfeld fragen, womit Sie sich interessant machen könnten, dann lassen Sie mich Ihnen ein Geheimnis verraten: Sie wissen es nicht! Da Sie die Person nicht kennen, können Sie auch nicht antizipieren, was ihr Interesse erregt.

Versuchen Sie also nicht, ins Schwarze zu treffen, sondern orientieren Sie sich lieber am Kontext. Vergessen Sie nicht, was Ihr Ziel ist – und zwar einen neuen Kontakt zu knüpfen oder eine Bekanntschaft zu machen. Kontext verbindet. Das heißt, Ihre ersten Sätze sollten mit der Situation zu tun haben, in der Sie sich beide befinden.

Der Kontext gibt meist genug her, um ein Gespräch in Gang zu bekommen.

➡ 3. HÖREN SIE ZU

Sie möchten, dass man Sie interessant findet? Dann hören Sie gefälligst zu! Der Eindruck eines angenehmen Gesprächs mit einer interessanten Person ergibt sich meist aus dem Gefühl, dass jemand einem zuhört. Sprechen Sie nicht zu viel von sich, antworten Sie nicht zu ausführlich, wenn man Ihnen eine Frage stellt, und stellen Sie Gegenfragen. Wenn Sie zuhören, wirken Sie gleich sympathischer. Außerdem erfahren Sie so wirklich etwas über die andere Person.

➡ 4. WERDEN SIE ZUM CHAMÄLEON

Beobachten Sie vorab die Person. Ist sie fröhlich? Jammert sie? Wirkt sie abwesend? Wie drückt sie sich aus? Benutzt sie Metaphern? Finden Sie heraus, wie sie tickt, stimmen Sie sich auf sie ein. Sie werden schlagartig interessanter, wenn Sie sich auf sie einlassen und Ihr Verhalten anpassen – ohne natürlich zu einem traurigen Abklatsch zu werden. Lassen Sie sich einfach ein wenig beeinflussen, mehr nicht.

➡ 5. FORMULIEREN SIE UM

Um ein Gespräch in Gang zu halten, können Sie die letzten Sätze Ihres Gegenübers umformulieren, selbst wenn Sie nicht im Thema sind. Es gibt zwei Arten:

Durch Empathie: Formulieren Sie den emotionalen Gehalt des zuvor Gesagten zu einer Frage um.

Durch Spiegelung: Wiederholen Sie den letzten Satz in anderen Worten.

BEISPIEL:

„Wir spielen zusammen Tennis, aber seitdem er einmal gegen mich gewonnen hat, schmiert er es mir ständig aufs Brot! Dabei hat er nur einmal gewonnen!"

„Ein toller Sport! Spielen Sie schon lange? Ich selbst habe nie wirklich gespielt, aber Sie scheinen wohl ziemlich gut zu sein, wenn Sie sonst immer gewinnen."

Sie haben nun alle Trümpfe in der Hand, um erfolgreich eine Person anzusprechen, die Sie noch nicht kennen. Zum Abschluss möchte ich Sie noch auf 5 Fallen aufmerksam machen, in die Sie nicht tappen sollten:

➜ **MACHEN SIE AUS DEM GESPRÄCH KEIN KREUZVERHÖR.**

➜ **JAMMERN SIE NICHT MIT, AUCH WENN IHR GEGENÜBER IN DIESER STIMMUNG IST. BLEIBEN SIE POSITIV.**

➜ **UNTERBRECHEN SIE DIE PERSON NICHT, UM VON SICH ZU SPRECHEN ODER UM EINE ANEKDOTE ZUM BESTEN ZU GEBEN**

➜ **SEIEN SIE NICHT BESSERWISSERISCH UND ERTEILEN SIE AUCH KEINE KLUGEN RATSCHLÄGE.**

➜ **ERZÄHLEN SIE IHREM GEGENÜBER NICHT IHR GANZES LEBEN AUF EINMAL, WENN SIE AM ZUG SIND.**

BESTIMMEN SIE
DIE WOCHENTAGE DES JAHRES

„Welcher Wochentag war der 22. November 1982? Natürlich ein Montag!" Für Heldentaten wie diese sollten Sie die Berechnung aus dem Effeff beherrschen, die mit dem „Immerwährenden Kalender" zu tun hat. Sie sollten schnell Kopfrechnen können, sich nicht von Schaltjahren in die Irre führen lassen und auch nicht im Internet nachschauen müssen*. Bestimmte Formen der Synästhesie (Sie wissen schon, Synästheten sind Menschen, die beispielsweise Zahlen oder Töne als Farben wahrnehmen) oder des Autismus' erlauben es dem Gehirn, intuitiv die richtige Antwort zu geben. Doch wenn Sie weder ein Synästhet noch Rain Man sind – und auch nicht bereit sind, viele Stunden zu opfern, um zum selben Ergebnis zu gelangen –, dann habe ich hier eine schnelle Methode für Sie, die Ihnen sicher gefallen wird.

Schreiben Sie auf ein Blatt Papier, auf welchen Tag der erste Montag eines jeden Monats des laufenden Jahres fällt. Wir wählen als Beispiel das Jahr 2018.

JANUAR	FEBRUAR	MÄRZ	APRIL	MAI	JUNI
Montag 1	Montag 5	Montag 5	Montag 2	Montag 7	Montag 4
JULI	AUGUST	SEPTEMBER	OKTOBER	NOVEMBER	DEZEMBER
Montag 2	Montag 6	Montag 3	Montag 1	Montag 5	Montag 3

Fassen Sie die Tage in 3er-Gruppen zusammen (so wird die Rechnung viel leichter) und bezeichnen Sie die Gruppen dann als Ihren CODE: 155 274 263 153

Lernen Sie die Sequenz auswendig. Es ist nicht schwer, stützen Sie sich einfach auf Ihre Erinnerungstabelle (Sie finden sie auf Seite 13 eines Buches, das Dein Gehirn kann mehr als Du vermutest heißt und das ich Ihnen dringend empfehle**).

* Ich kenne Sie doch, Sie googeln bestimmt schneller als ich blinzeln kann …

** Jetzt empfehle ich Ihnen auch noch, ein Buch zu kaufen, das Sie bereits in Händen halten. Ein Bild im Bild also …
da kann einem ganz schön schwindelig werden!

Das zweite Hilfsmittel, das Sie benötigen werden, ist das Kleine Einmaleins. Da ich aber ein netter Kerl bin, vereinfachen wir die Sache erneut, sodass Sie nur die ersten 4 Multiplikationen mit 7 beherrschen müssen.

7 × 1	7 × 2	7 × 3	7 × 4
7	14	21	28

Sie wissen es zwar nicht, aber Sie könnten mir jetzt schon sagen, welcher x-beliebige Wochentag auf welches x-beliebige Datum des Jahres 2018 fällt (und auf die Jahre davor und danach).

➡ **1.** Die Methode ist einfach, schließlich kennen Sie bereits alle Tage der ersten Montage eines jeden Monats.

➡ **2.** Und da eine Woche aus 7 Tagen besteht, müssen Sie nur 7, 14, 21 oder 28 hinzufügen, um alle Montage eines jeden Monats zu kennen.

➡ **3.** Sie müssen nun nur noch den Montag finden, der dem gesuchten Datum am nächsten ist, indem Sie sich an das genaue Datum herantasten. (Sie können es sogar an Ihren Fingern abzählen – schließlich kann man nicht immer nur auf sich selbst zählen.)

Ich erkläre Ihnen nun Schritt für Schritt, wie die Methode funktioniert. Stellen Sie sich vor, jemand möchte sich am **27. Juli 2018** mit Ihnen treffen.

➡ **1. Suchen Sie im Kopf den ersten Montag des Monats.** Unser Beispiel befördert uns in den Juli, also in Monat 7. Wie wir wissen, entspricht die 7. Ziffer unseres CODES dem ersten Feld des dritten „Päckchens", also der „2". Der erste Montag im Monat Juli ist folglich der 2. Juli.

➡ **2.** Arbeiten Sie sich nun von einem Montag zum nächsten vor, indem Sie so oft die 7 addieren, bis Sie sich dem 27. Juli so weit wie möglich angenähert haben. Gehen Sie von 2 + 7 = 9 über 2 + 14 = 16 bis zu 2 + 21 = 23 ... und stopp! Denn würden wir weitermachen, kämen wir über den 27. Juli hinaus. Bleiben wir also beim Montag, den 23. Juli 2018.

➤ 3. Arbeiten Sie sich nun bis zum gewünschten Datum vor – oder behelfen Sie sich mit Ihren Fingern. Sagen Sie einfach: Montag, der 23.; Dienstag, der 24.; Mittwoch, der 25.; Donnerstag, der 26.; Freitag, der 27. Et voilà! Der 27. Juli 2018 ist ein Freitag!

ANDERE BEISPIELE:

➡ DER 19. SEPTEMBER 2018

➤ 1. Laut unserem CODE ist der **erste** Montag der 3.

➤ 2. Ergänze ich um 7 (7, 14, 21, 28), muss ich 14 hinzufügen, um auf **17** (3 + 14) zu kommen. Ich überschreite nicht das gesuchte Datum.

➤ 3. Montag, der 17.; Dienstag, der 18.; **Mittwoch**, der 19. September 2018.

➡ DER 26. MAI 2018

➤ 1. Laut unserem CODE ist der erste Montag der 7.

➤ 2. Ergänze ich um 7 (7, 14, 21, 28), muss ich 14 hinzufügen, um auf **21** (7 + 14) zu kommen. Ich überschreite nicht das gesuchte Datum.

➤ 3. Montag, der 21.; Dienstag, der 22.; Mittwoch, der 23.; Donnerstag, der 24.; Freitag, der 25.; **Samstag**, der 26. Mai 2018.

Sie haben nun den schwarzen Gürtel im Wochentage bestimmen! Das heißt, sollte ab jetzt jemand auf die Idee kommen zu fragen, ob Sie zum Beispiel am 5. Mai 2020 Zeit haben, dann können Sie ganz lapidar antworten: „Leider nicht, dienstags gehe ich immer zum Schwimmen."

BONUS: FÜR GANZ MOTIVIERTE

Wenn Sie Folgejahre berechnen möchten, müssen Sie keinen neuen Code lernen. Ziehen Sie für diese Jahre immer 1 ab: in unserem Beispiel ist der erste Montag im Juli 2018 der 2., was bedeutet, dass er im Jahr 2019 auf den 1. fällt. In zwei Jahren ziehen Sie dann 2 ab, und in drei Jahren 3. Umgekehrt addieren Sie für das letzte Jahr eine 1, für das vorletzte Jahr eine 2, etc. Es gibt nur eine Falle: das Schaltjahr. Deshalb würde ich Ihnen empfehlen, alle vier Jahre einen neuen Code zu lernen.

IHR GEHIRN SIEHT,
WAS ES WILL

Ich konnte dieses Buch unmöglich schreiben, ohne einige grundlegende Themen anzusprechen. Zum Beispiel den Begriff Baseline. Grundsätzlich verwendet man ihn eher in den Bereichen Marketing und Kommunikation, doch um die geht es uns hier nicht. Ich verstehe unter Baseline, dass man Personen, Ereignisse, Situation, etc. gesamtheitlich betrachtet. Das Ziel dabei ist, kognitive Fallen zu umgehen (oder anders formuliert: Fehler zu vermeiden), während man versucht, etwas Bestimmtes zu analysieren.

Sie versuchen zum Beispiel den Gesichtsausdruck einer Person zu analysieren und entdecken darin die Mikroexpression Angst. Sind Sie sich sicher, dass die Person wirklich Angst vor ihrem Gegenüber hat? Oder vor einer Situation, in der sie sich Ihrer Meinung nach in diesem Moment befindet?

Beachten Sie daher unbedingt folgende drei Punkte:
➡ Ihre Meinung unterscheidet sich von der anderer Menschen.
➡ Haben Sie alle Hinweise ausgewertet, die zum Verständnis beitragen?
➡ Schlussfolgerungen sind Hypothesen und treffen per definitionem nie zu 100% zu.

Die Darstellung links veranschaulicht dies ganz gut. Wir sehen zwei unterschiedliche Schatten ein und desselben Objekts (der eine ist rund, der andere rechteckig), und trotzdem sind beide „richtig", da der angeleuchtete Körper eine zylindrische Form hat und sich die Realität letzten Endes aus beiden Schatten zusammensetzt.

Ein weiteres Beispiel, das vor einigen Jahren im Netz für Aufsehen gesorgt hat, ist das des blauschwarzen Kleides. Die einen sehen ein blauschwarzes Kleid, die anderen ein weißgoldenes, und beide Parteien sehen richtig (Wie könnte es auch anders sein.). Die Frage lautet also: „Wieso nimmt man Dinge unterschiedlich wahr?" Im vorliegenden Fall hat es damit zu tun, dass uns eine Information aus der Baseline fehlt, und zwar, ob das Kleid mittels einer künstlichen Lichtquelle von außen oder von innen beleuchtet wurde.

Unser Gehirn beantwortet sich Fragen wie diese selbst und interpretiert die Farben auf der Basis seiner Erfahrungen (es entscheidet sich für die Farbe, die ihm wahrscheinlicher erscheint).

Dieses Konzept der Baseline ist recht theoretisch. Ziel ist es, Ihnen beizubringen, Ihren eigenen Schlussfolgerungen und Analysen kritisch gegenüberzustehen. Und zu Ihrer Information, das Kleid ist in Wirklichkeit blauschwarz …

https://goo.gl/AKElOr

ERINNERN SIE SICH AN
GESICHTER UND VORNAMEN

Vornamen? Gesichter? Während meiner Shows muss ich nie ein zweites Mal nach dem Namen einer Person fragen, obwohl ich im Schnitt mit über dreißig Personen spreche. Irgendwann habe ich herausgefunden, dass mein Publikum dies beeindruckte. Dabei ist das nichts Besonderes. Sie müssen nur ein paar Techniken anwenden, die Ihr Gehirn sowieso schon beherrscht.

➡ 1. AUFMERKSAMKEIT

Wenn Sie nach einer Information wie einem Namen fragen, sind Sie meist abgelenkt: durch Ihre Umwelt, die Dinge, die Sie noch erledigen müssen, was Sie als nächstes sagen wollen, Tagesziele, etc.

Das bedeutet, Sie schenken der neuen Information nicht genügend Aufmerksamkeit und schicken Ihrem Gedächtnis nichts zum Abspeichern.

Nehmen Sie sich daher einige Sekunden Zeit, richten Sie Ihre Aufmerksamkeit auf den Moment und sagen Sie sich: „Ich möchte den Namen dieser Person erfahren." Dann hören Sie beim Vornamen auch zu statt nur hin.

➡ 2. PHONOLOGISCHE SCHLEIFE

Hinter diesem seltsamen Begriff versteckt sich Ihre „innere Stimme", die Sie vielleicht sogar hören, während Sie dieses Buch lesen. Wiederholen Sie in Gedanken einige Male den Namen der Person, um ihn zumindest für eine Weile abzuspeichern.

➡ 3. AUDITIVES GEDÄCHTNIS

Wiederholen Sie den Namen der Person, indem Sie mit einer höfliche Floskel antworten. Zum Beispiel: „Freut mich, Peter", „Guten Tag, Thomas", „Schön, Dich kennenzulernen, Lisa". Auf diese Weise fällt es Ihnen leichter, die Information zu speichern.

⏩ 4. MNEMOTECHNIK

Versuchen Sie jetzt, sich das Gesicht der Person zu merken, indem Sie es mit ihrem Vornamen verknüpfen. Finden Sie ein für Sie persönlich passendes Bild oder einen Vergleich, egal wie unbedeutend oder abwegig, um sich besser an den Namen zu erinnern.

> Wenn die Person Michael heißt, sage ich „wie Michael Jackson"; wenn Sie Heidi heißt, sage ich „wie aus dem Zeichentrickfilm"; wenn sie Veronika heißt, sage ich „wie meine Schwester". Nehmen Sie den ERSTEN Vergleich, der Ihnen einfällt (meistens ist das auch der einprägsamste).

⏩ 5. BILDWELTEN

Unser Gehirn liebt es, Bilder, die wir uns überlegt haben, als Erinnerungen abzuspeichern, da es so Informationen kombinieren kann, die ihm bereits vorliegen. Überlegen Sie sich zusätzlich eine Szene, die auf Ihrem mnemotechnischen Bild gründet.

> In Michaels Fall stelle ich mir die Person als Michael Jackson verkleidet in der berühmten Pose des King of Pop vor, Heidi stelle ich mir in den Bergen vor, mit dem Almöhi oder dem Ziegenpeter, und Veronika bei meiner Schwester am Frühstückstisch.

⏩ 6. WIEDERHOLUNG

Und nun heißt es üben, üben, üben! Nehmen Sie mich bitte nicht zu wörtlich, aber sprechen Sie den Namen so oft wie möglich aus. Statt „Und, was machen Sie beruflich so?", sagen Sie ab jetzt: „Und, was machen Sie beruflich so, Peter?"*. Scheuen Sie sich nicht davor, den Namen zu wiederholen, und sagen Sie ihn auf jeden Fall noch ein letztes Mal bei der Verabschiedung.

Es dauert zwar etwas, diese sechs Schritte zu lesen, doch im wahren Leben kosten Sie sie nur wenige Sekunden. Denken Sie immer daran, damit Sie niemand mehr auf dem falschen Fuß erwischt. Mit der Zeit wird es Ihnen sogar Spaß machen, sich die Namen ettlicher Leute auf einen Schlag zu merken. Versprochen.

---

* Natürlich nur, wenn die Person Peter heißt…!

DAS AUFMERKSAME OHR
DES WACHSOLDATEN

Es gibt viele Arten herauszufinden, was jemand auf ein Blatt Papier schreibt. Eine davon ist, auf seinen Hörsinn zu vertrauen. Dieser Sinn wird gerne zugunsten des Sehsinns vernachlässigt, doch wenn Sie ihn schärfen, wird er Ihnen einen neuen Zugang zur Realität ermöglichen. Sie nehmen bereits viele Geräusche wahr, hören jedoch nicht richtig hin, interpretieren sie nicht.

Zum Beispiel ist es durchaus möglich, sich Buchstaben herzuleiten, die jemand niederschreibt. Das Geräusch eines Kugelschreibers, der ein „P" schreibt, ist komplett anders als das Geräusch eines „L". Sie können sogar herausfinden, ob jemand in Großbuchstaben oder Kleinbuchstaben schreibt, und natürlich wie lang das Wort ist.

Das Schwierigste ist das beständige Üben, der Übergang von der Theorie in die Praxis. Aber dafür haben Sie ja mich! Ich werde Ihnen jetzt einen Mentalistenkniff beibringen, mit dem Sie eine Person verblüffen können, indem Sie sich unbemerkt Ihres Hörsinns bedienen.

Lassen Sie uns hierfür die von Joseph Banks Rhine entwickelten 5 Symbole, auch ESP-Symbole oder Zener-Karten genannt, verwenden: einen Kreis, ein Kreuz, Wellen, ein Quadrat und einen Stern. Die Symbole sind zusätzlich auf Seite 41 abgebildet.

➡ **1. Geben Sie dieses Buch einem Ihrer Freunde** beziehungsweise leihen Sie es ihm für einige Sekunden.

➡ **2. Geben Sie ihm ein Blatt Papier sowie einen Marker oder einen Füller.** Legen Sie das Blatt auf Seite 40, damit er eine Unterlage zum Schreiben hat.

➡ **3. Bitten Sie ihn, sich still eines der 5 Symbole auszusuchen,** die sich auf Seite 41 befinden, also rechts neben seinem Blatt.

(→) **4.** **Drehen Sie sich um und bitten Sie Ihren Freund, das Symbol zu zeichnen,** das Blatt anschließend zu falten und es zwischen seine Handflächen zu legen.

(→) **5.** **Drehen Sie sich wieder um, legen Sie Ihre Hände auf die Ihres Freundes** – und Ihr Gesicht in Falten, als müssten Sie sich konzentrieren – **und verkünden Sie, welches Symbol er gezeichnet hat!**

(→) WIE ERRATE ICH DAS SYMBOL?

Konzentrieren Sie sich während des Zeichnens ausschließlich auf das Geräusch des Stiftes. Die ESP-Symbole haben eine Besonderheit: Der Kreis lässt sich in einem Zug zeichnen, das Kreuz in zwei kurzen Zügen, die Welle in drei Zügen, das Quadrat in vier kurzen oder zwei längeren Zügen und der Stern in fünf Zügen. Zählen Sie einfach die Züge, die Sie hören, und schon kennen Sie das Symbol! Bei dieser Gelegenheit können Sie übrigens auch die spezifischen Geräusche einer Kurve, eines geraden Strichs, etc. verinnerlichen

(→) UND JETZT?

Darf es etwas schwieriger sein? Beherrschen Sie die Übung bereits aus dem Effeff? Dann wiederholen Sie sie, indem Sie die Person bitten, alle fünf ESP-Symbole schnell hintereinander weg und in einer beliebigen Reihenfolge zu zeichnen. Erlauben Sie auch, dass sie mehrmals dasselbe Symbol zeichnet – und hören Sie genau hin. Sie werden trotz erhöhter Schwierigkeit in der Lage sein zu bestimmen, welche Symbole Ihr Gegenüber gezeichnet hat und in welcher Reihenfolge.

ERRATEN SIE
EINEN FILMTITEL

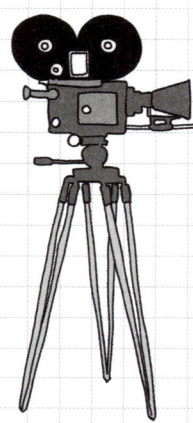

Die Gedanken einer Person zu erraten, ist schon mal nicht schlecht, aber das reicht Ihnen nicht, Sie wollen mehr? Sie wollen die Gedanken von zwei, drei, vier Personen gleichzeitig erraten? Sie wollen die Weltherrschaft an sich reißen? Naja, so weit sind wir zwar noch nicht, aber in Kürze werden Sie zumindest durch das Beobachten von Augenbewegungen erraten können, an welche Filme Ihre Freunde gedacht haben.

Beim Beobachten von Gesichtern ist es zunächst am einfachsten, sich auf die Augen zu konzentrieren. Daher sollten die Personen, an denen Sie diesen Trick ausprobieren, ihre Augen schließen. Erscheint Ihnen das unlogisch? Es hat jedoch zwei Vorteile: Erstens können Sie Augenbewegungen sehr viel besser bei geschlossenen Augen erkennen, und zweitens sehen Ihre Testobjekte nicht, dass Sie sie wie ein Psychopath anstarren!

→ 1. Bitten Sie eine oder mehrere Personen, bei diesem Trick mitzumachen und eine Liste mit Filmtiteln zu erstellen. Jeder sollte zwischen 5 und 10 Titel aufschreiben. Wichtig ist, dass alle die Filme gesehen haben und sich grob an sie erinnern. Die Liste muss nicht heimlich erstellt werden, da Sie sie danach einfordern werden. Wenn Sie nett sind, können Sie die Titel also auch gleich selbst aufschreiben, aber wer ist schon nett, wenn er vor hat, die Weltherrschaft an sich zu reißen?

 *Spontan eine Liste zu erstellen, ist nicht einfach. Helfen Sie, indem Sie Fragen zu bestimmten Genres stellen, wie „Stehen auch französische Komödien wie ‚Willkommen bei den Sch'tis' auf eurer Liste?" oder „Habt ihr einen Superheldenfilm aufgeschrieben?".*

→ 2. Bitten Sie die Personen nun, sich jeweils einen Film im Kopf auszusuchen (und zwar einen von der Liste, den sie gesehen haben und an den sie sich grob erinnern!). Sie können sich abstimmen und unterschiedliche Filme wählen, aber das muss nicht unbedingt sein, auch wenn die Verblüffung natürlich umso größer wäre.

→ 3. Stimmen Sie Ihre Freunde auf den Trick ein, indem Sie sie darum bitten, sich nebeneinander vor Sie zu stellen und die Augen zu schließen. Erinnern Sie sie daran, dass sie bis zum Ende konzentriert bleiben müssen. Erklären Sie, dass Sie die Liste langsam vorlesen werden und dass sich jeder, sobald er seinen Titel hört, eine Szene aus seinem Film vorstellen soll.

> Diese letzte Information ist sehr wichtig! Nehmen Sie sich daher die Zeit und führen Sie diesen Punkt aus, schließlich sollen Ihre Freunde ihre Szene vor ihrem geistigen Auge abspielen. Wenn sich zum Beispiel jemand „Krieg der Sterne" ausgesucht hat, sollte er überall um sich herum Raumschiffe sehen. Bitten Sie sie, in die Szenen einzutauchen und auf alle Details auf ihrer inneren Leinwand zu achten, wie im Kino eben.

→ 4. Los geht's! Ihre Freunde haben ihre Augen geschlossen und sind konzentriert. Lustig wie Sie sind, könnten Sie sich jetzt aus dem Haus schleichen – oder mit dem Trick weitermachen. Gehen wir mal davon aus, Sie machen weiter und lesen einen Titel nach dem anderen vor. In diesem Fall sollten Sie nach jedem Titel eine Pause von drei bis fünf Sekunden einlegen, damit Ihre Freunde genug Zeit haben, in ihre Filme einzutauchen (falls Sie einen ihrer Titel vorgelesen haben), und Sie, um mögliche Augenbewegungen zu beobachten. Die Augen ihrer Freunde müssten die ganze Zeit über starr bleiben, sich aber ruckartig in Bewegung setzen, wenn sie ihren Filmtitel hören. Wie, Sie glauben mir nicht? Dann stellen Sie sich doch mal vor einen Spiegel und probieren Sie es selbst aus!*

> ZUR WIEDERHOLUNG: 1) Lesen Sie einen Titel vor. 2) Beobachten Sie aufmerksam Ihre Freunde, um zu sehen, ob sich ihre Augen bewegen. 3) Falls ja, machen Sie sich eine Notiz. 4) Machen Sie weiter mit Punkt 1.

→ 5. Teilen Sie Ihre Ergebnisse auf keinen Fall während des Tricks mit. Kreuzen Sie einfach die Titel an, sobald Sie einen Treffer landen. Es lohnt sich immer zu warten, statt direkt zu verkünden, wer an welchen Film denkt, denn wenn Sie die Spannung bis zum Schluss halten, wird die Verblüffung umso größer sein!

Sie wissen ja selbst: Übung macht den Meister. Und je mehr Sie üben, desto schneller und präziser werden Sie. Haben Sie Angst, beim ersten Mal zu versagen? Dann denken Sie daran, dass kleine Fehler weniger auffallen, wenn Sie den Trick gleich an mehreren Personen ausprobieren (zwei von drei Treffern sind doch gar nicht schlecht!). Das Tolle ist, dass Sie die Filme selbst nicht einmal gesehen haben müssen, an die Ihre Freunde denken, und Ihre hellseherischen Fähigkeiten ausbauen können, indem Sie üben, Gesichter zu lesen und Informationen abzuleiten. Wie heißt es doch so schön bei „Pinky and the Brain": „Hey, Brain, was wollen wir heute Abend machen?" – „Genau dasselbe wie jeden Abend, Pinky. Wir versuchen, die Weltherrschaft an uns zu reißen."

* Haben Sie sich gerade wirklich vor einen Spiegel gestellt? Dann haben Sie den Einstiegstest zur Weltherrschaft leider nicht bestanden…

LASSEN SIE KOPFSCHMERZEN
VERSCHWINDEN

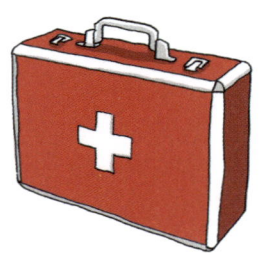

Wie Sie vielleicht wissen, will ich immer allen helfen, und zwar so gut ich kann! Tatsächlich ist es gar nicht schwer, kleinere Leiden zu lindern. Und das, ohne gleich für einen Guru gehalten zu werden. Packen Sie hierfür folgende Utensilien in Ihren imaginären Ärztekoffer: eine Suggestionsspritze, ein Placebospray, eine ordentliche Portion Selbstvertrauen und ein paar Tropfen Komik. Mit diesem kleinen Notfallkit werden wir ganz einfach kleinere Beschwerden wie leichte Kopfschmerzen vertreiben.

➡ **1.** Lösen Sie einen Placebo-Effekt bei jemandem aus, der unter leichten Kopfschmerzen leidet, indem Sie zunächst Ihre Hilfe anbieten. Sie sollten bestimmt auftreten, die Person aber auf keinen Fall anbrüllen! Gehen Sie einfach entschlossen vor, überzeugen Sie sie davon, dass Sie ihr auf jeden Fall helfen können, und erwecken Sie den Eindruck als wüssten Sie, was Sie da tun. Seien Sie locker, bestimmt, direkt und auf den Punkt.

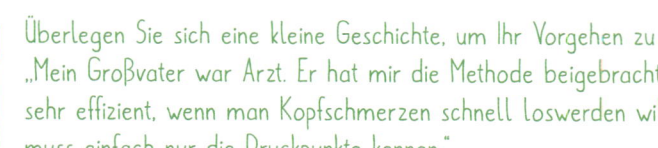

Überlegen Sie sich eine kleine Geschichte, um Ihr Vorgehen zu erläutern. „Mein Großvater war Arzt. Er hat mir die Methode beigebracht. Sie ist sehr effizient, wenn man Kopfschmerzen schnell loswerden will. Man muss einfach nur die Druckpunkte kennen."

➡ **2.** Stellen Sie sich nun hinter die Person und legen Sie Zeige- und Mittelfinger auf die Schläfen. Üben Sie leichten Druck aus und bitten Sie sie, tief einzuatmen. Legen Sie Ihre Daumen hinter die Ohren, auf den Übergang zwischen Kiefern und Hals.

Massieren Sie die Druckpunke sanft, aber bestimmt. Da uns an diesen Stellen normalerweise niemand berührt, wird sich das ein wenig ungewohnt anfühlen, aber nicht unangenehm. Massieren Sie etwa eine Minute weiter.

Bitten Sie die Person, dabei langsam ein- und auszuatmen und sich so gut es geht zu entspannen. Geben Sie zu keinem Moment die Kontrolle ab.

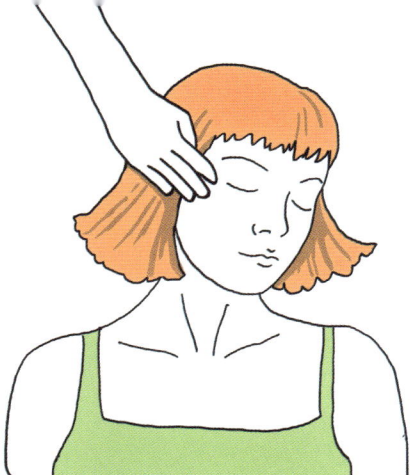

3. Erklären Sie ihr kurz bevor Sie aufhören, dass sie keine Kopfschmerzen mehr haben wird, sobald Sie Ihre Finger von den Druckpunkten lösen. Dass die Stimulation dieser Punkte die Durchblutung fördert und die Zirkulation der Gehirnflüssigkeit anregt, interessiert uns aber nicht die Bohne. Hauptsache, Ihre Behandlung gilt als durchdacht und effizient. Seien Sie also einfallsreich und überzeugend!

Wenn Sie fertig sind, werden die Kopfschmerzen wie weggeblasen sein, da Ihre Worte in Kombination mit der ungewohnten Berührung einen leichten Placebo-Effekt ausgelöst haben. Die Methode funktioniert, weil sie psychologisch und physiologisch auf den Schmerz einwirkt und die Person sich quasi selbst heilt, statt sich weiterhin Schmerzen einzureden.

Sie können nun erklären, wie Sie sie wirklich geheilt haben, aber wenn Sie das machen, müssen Sie sich darauf einstellen, dass Sie dieser Person nie wieder auf diese Weise helfen können. Der Zauber ist gebrochen. Ihre Entscheidung!

> Ich habe Kopfschmerzen als Beispiel gewählt, weil sie häufig vorkommen, aber Sie können natürlich auch versuchen, andere leichte Beschwerden wie Schluckauf zu heilen. Die Erklärung, warum Sie sich damit auskennen, können Sie übernehmen, allerdings sollten Sie sich eine neue, glaubhafte Behandlungsmethode ausdenken.

Naja, und wenn es nicht so läuft wie erhofft, ist es auch nicht schlimm. Die Schmerzen verschlimmern können Sie jedenfalls nicht. Also, packen Sie einfach die nächstbeste Gelegenheit oder Person beim Schopf und probieren Sie es aus!

MIKROEXPRESSIONEN
DES GESICHTS

Unser Gesicht umfasst über 94 unterschiedliche Muskeln. Muskeln, von denen wir größtenteils noch nie etwas gehört haben. Oder wussten Sie zum Beispiel, dass unser Hals aus 85 unterschiedlichen Muskeln besteht? Die Kombinationsmöglichkeiten unserer Gesichtsmuskeln ermöglichen es uns, etwa 10.000 voneinander abgegrenzte Gesichtsausdrücke zu produzieren, die wir jedoch kaum „sehen".

Wir sind in der Lage, unsere Gesichtsausdrücke zu kontrollieren, zu korrigieren und zu planen, und wir können willentlich bestimmte Muskeln in Bewegung setzen, um einen gewünschten Gesichtsausdruck zu produzieren. Mikroexpressionen hingegen sind spontan. Sie sind flüchtig und gleiten in Sekundenbruchteilen über unsere Gesichter. Sie sind das Produkt einer unkontrollierten und unkontrollierbaren Reaktion und werden durch starke Emotionen ausgelöst, die sich unmittelbar in Gesichtsausausdrücke entladen – und umgekehrt. Wenn Sie sich zum Beispiel zu einem traurigen Gesichtsausdruck zwingen und diesen lange genug beibehalten, wird sich ein Gefühl von Traurigkeit in Ihnen einstellen.

Paul Ekman galt lange als Entdecker der Mikromimik, was jedoch nicht stimmt, auch wenn er der Theorie wichtige Erkenntnisse beigesteuert hat. Tatsächlich war Charles Darwin der Erste, der sich diesem Thema widmete und im Jahr 1872 ein Werk mit dem klingenden Titel „Der Ausdruck der Gemüthsbewegungen bei dem Menschen und den Thieren." veröffentlichte.

Hundert Jahre später, 1966, dachten sich Haggard und Isaacs den Ausdruck „Mikroexpression" aus. Sie hatten Filmmaterial von Sitzungen zwischen Psychoanalytikern und ihren Patienten gesichtet und benötigten dringend Fachvokabular, nachdem sie sich die Bänder in Zeitlupe angesehen und Gesichtsausdrücke entdeckt hatten, die nur für 0,25 Sekunden auf den Gesichtern auftauchten.

1988 wertete Paul Ekman schließlich in einer groß angelegten wissenschaftlichen Studie die Ergebnisse aller bisherigen Untersuchungen aus.

Mittlerweile hat man sich auf sieben universell anerkannte Mikroexpressionen geeinigt, die sich bei allen Menschen auf dieselbe Art und Weise äußern: Angst, Überraschung, Wut, Trauer, Verachtung, Freude, Ekel. Ich habe jeder dieser Mikroexpressionen ein eigenes Kapitel gewidmet.

Mit ein wenig Übung sollte jeder von uns in der Lage sein, Mikroexpressionen bei anderen Menschen wahrzunehmen, aber manche haben eine besondere Begabung dafür. Um mehr Menschen mit dieser Befähigung zu finden, gründete Paul Ekman ein Programm namens GENI. Sein Team untersuchte 20 000 Menschen, von denen jedoch nur 50 Mikroexpressionen spontan wahrnahmen und richtig interpretierten. Das Erstaunlichste daran ist, dass sie es intuitiv taten und nicht erklären konnten, wie es funktionierte.

Falls Sie das Thema interessiert, empfehle ich Ihnen Paul Ekmans wegbereitendes Buch „Ich weiß, dass du lügst" (2011). Mehr über die sieben Mikroexpressionen erfahren Sie aber auch hier, in diesem Buch. Achten Sie besonders auf die Tipps, die Ihnen dabei helfen werden, Ihr neu erworbenes Wissen anzuwenden.

BESUCHEN SIE IHREN
GEDÄCHTNISPALAST

Ob visuell, auditiv oder kinästhetisch – wir sind alle fantasie-begabte Menschen. Zum Glück! Denn unser Gehirn bedient sich permanent dieser Wunderwaffe. Es arbeitet kreativ, antizipatorisch, adaptiv und erinnernd.

Also los, greifen Sie zu Ihrer schönsten imaginären Kelle und errichten Sie Ihren Gedächtnispalast! Bereits seit der Antike erlaubt uns diese Technik, auch Loci-Methode genannt, ganz einfach auf eine Unmenge relevanter Informationen zuzugreifen. Mnemotechnik reloaded, sozusagen.

➡ 1. DIE ARCHITEKTUR: DAS KONZEPT

Stellen Sie sich einen Ort vor, den Sie in- und auswendig kennen, und legen Sie dort bewusst „Bilder" an bestimmten Stellen ab. Wenn Sie den Ort dann zu einem späteren Zeitpunkt wieder abgehen, werden Sie sich automatisch und in der gewünschten Reihenfolge an die verstauten Bilder erinnern.

➡ 2. DER ZEMENT: DAS VERBINDENDE GANZE

Übertreiben Sie es bei der Errichtung Ihres ersten Gedächtnispalastes nicht. Fangen Sie mit einem Raum an, den Sie sehr gut kennen: Ihrem Zimmer. Schließen Sie die Augen und stellen Sie es sich bis ins kleinste Detail vor – et voilà, das Fundament ist gelegt! Ihr Zimmer ist Ihr erster Gedächtnispalast.

 Wenn ich mir zum Beispiel mein Zimmer vorstelle, gehe ich es gedanklich ab, öffne langsam alle Schränke, sehe überall hinein und lasse jede einzelne Erinnerung, die ich verstaut habe, auf mich einwirken.

➡ 3. DIE BACKSTEINE

Definieren Sie nun verschiedene „Spots", beziehungsweise legen Sie Orte fest, an denen Sie bestimmte Bilder ablegen möchten. Sie sollten auffallen, wie ein Bett, ein Tisch, ein Nachttisch, ein Schreibtisch, ein Fenster, ein Schrank oder eine Tür. Legen Sie etwa ein Dutzend solcher Spots fest.

Ich sehe meine Spots deutlich vor mir: mein Bett, meine Fensterfront, meinen Kronleuchter, meinen Nachttisch, meinen Stuhl vor dem Bücherregal, meinen Kleiderschrank, meine Garderobe, den Raum unter meinem Bett, den Karton in der Ecke, der dort seit Jahren steht ...

→ 4. DIE EINRICHTUNG

Legen Sie zum Abschluss eine Route fest. Bestimmen Sie, wo sie beginnt und welchen Verlauf sie nimmt, und gehen Sie alle Spots ab, die Sie definiert haben.

Ich beginne immer mit der Tür und begehe mein Zimmer von links. Meine Spots sind: die Tür, die Garderobe, der Nachttisch, die Fensterfront, unter dem Bett, auf dem Bett, das Bücherregal, der Stuhl, der Karton, der Kleiderschrank.

→ 5. DER PALAST IST FERTIG!

Ich werde mich im Verlauf dieses Buches noch einige Male auf diese Technik beziehen, mit der Sie, allgemein formuliert, die Stichpunkte einer Rede oder die wesentlichen Aspekte einer Unterrichtseinheit ablegen können. Oder was auch immer Sie möchten. Verknüpfen Sie einfach alles, was Sie sich merken möchten, mit Ihren Spots.

Wenn ich mir beispielsweise merken möchte, dass ich Bananen, Kaffee, Limonade, Mayonnaise, Duschgel, Eier und Waschmittel einkaufen muss, dann stelle ich mir als Erstes eine Banane anstelle meines Türknaufs vor, dann schwere Kaffeesäcke, die von meiner Garderobe baumeln, eine Flasche Limonade, die auf meinem Nachttischchen vor sich hinschäumt, mit Mayonnaise verschmierte Fensterscheiben, eine blubbernde Duschgelpfütze unter meinem Bett, ein brütendes Huhn auf meinem Bett und zu guter Letzt eine Waschmaschine in meinem Bücherregal, in der einige Bücher schleudern. Wenn ich später durch meinen Gedächtnispalast wandere und einen Spot nach dem anderen abklappere, muss ich nur noch die abgelegten Bilder aufrufen, um mich zu erinnern, was ich einkaufen wollte.

Einfacher lässt sich diese Wunderwaffe nun wirklich nicht erklären. Ich rate Ihnen, sich mit Ihrem Gedächtnispalast vertraut zu machen, ihn auszubauen oder nach und nach neue Räume mit noch mehr Spots zu erschaffen. Es gibt Profis, die sich über die Jahre riesige, völlig fiktive Gedächtnispaläste errichtet haben. Unser Gehirn kann wirklich mehr als wir vermuten!

ZIEHEN SIE EINE
KUBIKWURZEL IM KOPF

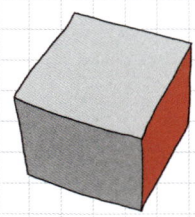

In einem der ersten Kapitel dieses Buches (siehe Seiten 18 bis 20) habe ich erklärt, wie man eine Quadratwurzel im Kopf zieht. Aber ich weiß ja, wie Sie sind: Das reicht Ihnen nicht. Sie wollen mehr, Sie sind süchtig nach Kopfrechnen! Oder auch nicht. Na, dann müssen Sie es eben noch werden!

Wenn Sie das Ziehen einer Quadratwurzel einfach fanden, dann werden Sie überrascht sein, wie viel einfacher es ist, eine Kubikwurzel zu ziehen!

Merken Sie sich hierfür die Kubikzahlen von 0 bis 9. Wie, keine Lust? Dann schreiben Sie sie auf einen Zettel oder fotografieren Sie die Tabelle mit Ihrem Handy ab.

0	0
1	1
2	8
3	27
4	64
5	125
6	216
7	343
8	512
9	729

Um die Methode nachzuvollziehen, ermitteln wir eine zweistellige Kubikwurzel, zum **Beispiel aus 39 304.**

➡ 1. DIE ZEHNERSTELLE

Betrachten Sie nur die Ziffern links von der Hunderterstelle der Zahl, deren Wurzel Sie ziehen möchten. Es sind immer eine, zwei oder drei Ziffern. In unserem Beispiel sind es zwei: **39** 304. Die Ziffern links von der Hunderterstelle bilden also die Zahl „**39**".

Integrieren Sie die Zahl gedanklich in die Tabelle mit den Kubikzahlen von „0" bis „9". In unserem Beispiel befindet sich die „**39**" zwischen der Kubikzahl von „3" (27) und der Kubikzahl von „4" (64).

0	0
1	1
2	8
3	27

39

4	64
5	125
6	216
7	343
8	512
9	729

Die Zehnerstelle unserer Kubikwurzel entspricht immer der niedrigeren der beiden Kubikwurzeln, zwischen denen unsere Zahl steht. In unserem Beispiel ist die Kubikzahl vor unserer „**39**" die „27" (die Kubikzahl von „3"). Also ist die Zehnerstelle der Kubikwurzel, die Sie suchen, die „**3**". Eine Sache noch: Ach nein, das war's. Sie haben innerhalb einer Sekunde die Zehnerstelle bestimmt!

⟶ 2. DIE EINERSTELLE

Die Einerstelle unserer Kubikzahl lässt sich sogar noch einfacher bestimmen. Betrachten Sie hierfür die Einerstelle der Zahl, deren Wurzel Sie ziehen möchten: 39 30**4**. In unserem Beispiel die „**4**". Sehen Sie jetzt in der Tabelle nach, welche der Kubikzahlen von „0" bis „9" mit derselben Einerstelle abschließen, und schon haben Sie das Ergebnis! Die Kubikzahlen von „0" bis „9" haben nämlich die Besonderheit, dass sie alle auf eine andere Ziffer enden. Und da in unserer Tabelle nur die Kubikzahl von „4" auf einer „4" (64) endet, ist unsere Einerstelle logischerweise die „4". q.e.d.

➡ Die Kubikwurzel aus 39 304 ist folglich 34.

Unser Fazit: Für das Ziehen von Quadratwurzeln benötigen wir etwa dreißig Sekunden und für das Ziehen von Kubikwurzeln allerhöchstens fünf. Trotzdem, lösen Sie just for fun zwei weitere Beispiele:

373 248
373 248, also ist die Zehnerstelle: ....
373 24**8**, also ist die Einerstelle: ....
373 248, also ist die Kubikwurzel: ....

1728
1728, also ist die Zehnerstelle: ....
172**8**, also ist die Einerstelle: ....
1728, also ist die Kubikwurzel: ....

Herzlichen Glückwunsch! Im nächsten Kapitel zu diesem Thema wird es übrigens – Achtung – noch einfacher! Freuen wir uns also auf die fünfte Wurzel!

ZUR ÜBUNG:

Verblüffen Sie Ihr Publikum nicht nur, indem Sie eine Quadratwurzel ziehen, sondern gleich im Anschluss eine Kubikwurzel. Bitten Sie hierfür jemanden, auf seinem Handytaschenrechner eine zweistellige Zahl mit sich selbst zu multiplizieren und das Ergebnis noch einmal mit der zweistelligen Zahl zu multiplizieren (sprich die Kubikzahl zu ermitteln). Lesen Sie das Ergebnis vom Bildschirm ab, denken Sie drei Sekunden nach und verkünden Sie die Zahl, die dritte Wurzel.

GEWINNEN SIE BEI
SCHERE, STEIN, PAPIER

Dieses Spiel kennen Sie bestimmt. Es wird zum Beispiel gerne gespielt, um etwas zwischen zwei Personen zu entscheiden. Dabei gilt, dass jeder Spieler von „Schere, Stein, Papier" versucht, sein Gegenüber zu schlagen, und dass jedes Symbol ein anderes schlägt oder gegen ein anderes verliert. Schere schlägt Papier und verliert gegen Stein, Stein schlägt Schere und verliert gegen Papier, Papier schlägt Stein und verliert gegen Schere.
Auf diese Weise bleibt das Spiel ausgeglichen und verlangt von seinen Mitspielern lediglich ein gewisses Maß an Voraussicht. Die meisten überlassen Ihr Glück dem Zufall, aber Sie sind nicht wie die meisten! Hier meine Techniken, die Ihnen dabei helfen werden, von nun an bei „Schere, Stein, Papier" zu gewinnen.

➡ 1. DER PSYCHOLOGISCHE KNIFF

In Ländern wie Frankreich oder Deutschland wird oft ein viertes Symbol ergänzt, der Brunnen. Erinnern Sie kurz vor dem ersten Zug daran, das Spiel ohne Brunnen zu spielen. Die Tatsache, dass Sie das kurz vorher sagen, wird Ihren Gegner dazu verleiten, das Symbol „Stein" zu wählen, da wir es gemeinhin für das stärkste Symbol halten. Fangen Sie daher lieber mit „Papier" an.

➡ 2. DREIMAL GIBT'S KEINMAL

Es kommt selten vor, dass jemand drei Mal in Folge dasselbe Symbol wählt. Merken Sie sich das, wenn Sie während des Spiels die Symbole Ihrer Gegner im Kopf auswerten.

➡ 3. ZHEJIANG

Diese seltsame Überschrift bezeichnet keine Technik, sondern die Universität, die unser Spiel untersucht hat und von deren Recherchen wir heute profitieren. 360 Studenten spielten Versuchskaninchen und zigtausend Partien später lagen so viele Daten vor, dass unsere Psychologie während des Spiels ausgewertet und verschiedene Schlussfolgerungen gezogen werden konnten.

➔ **A.** Wenn Ihr Gegner Ihr Symbol schlägt, müssen Sie in der nächsten Runde das Symbol wählen, mit dem Sie die vorherige Runde gewonnen hätten. Schlägt Ihr Gegner Sie mit „Stein", wählen Sie also in der nächsten Runde „Papier". Laut Statistik wiederholen Spieler ein erfolgreiches Symbol. Sehen Sie dies voraus, gewinnen Sie die nächste Runde.

➔ **B.** Verliert Ihr Gegner hingegen die Runde, wird er ein neues Symbol wählen! Verliert er mit „Stein", ist die Wahrscheinlichkeit groß, dass er sich in der nächsten Runde für „Papier" entscheidet. Auch das sollten Sie vorhersehen.

> BEISPIELE:
>
> Sie wählen „Stein" und er „Schere". Wählen Sie in der nächsten Runde „Papier", da die Wahrscheinlichkeit bei 2:1 liegt, dass er „Stein" wählen wird.
> Sie wählen „Stein" und er „Papier". Wählen Sie in der nächsten Runde „Schere", da die Wahrscheinlichkeit bei 2:1 liegt, dass er wieder „Papier" wählt.

Trotz dieser Techniken werden Sie natürlich nicht immer gewinnen können, da der Glücksfaktor auch eine Rolle spielt. Nichtsdestotrotz werden Sie feststellen, dass Ihre Gewinnchancen sprunghaft steigen. Aber Achtung! Mit großer Macht geht auch große Verantwortung einher ...

BEWUSSTER
KOMMUNIZIEREN

VAKOG – Das klingt fast wie ein Bösewicht aus einem Super-heldenfilm, bezeichnet aber „nur" unsere fünf Sinne:

Visuell (Sehen)
Auditiv (Hören)
Kinästhetisch (Fühlen)
Olfaktorisch (Riechen)
Gustatorisch (Schmecken)

Das Akronym VAKOG stammt aus dem Bereich der Neuro-Linguitischen Programmierung (NLP), einer Methode, die sich mit Sprache auseinandersetzt und zu einer bewussteren Kommunikation anregt (der eigenen oder der anderer). Die Methodik wurde in den 1970er-Jahren von dem Linguisten John Grinder und dem Psychologen Richard Brandler entwickelt. Zusammenfassend könnte man NLP als eine Art Philosophie bezeichnen, die sich mit Kommunikationstheorien auseinandersetzt.

Achtung: NLP gilt als Pseudowissenschaft, die keine absoluten Wahrheiten liefert. Selbst ihre Gründer haben mittlerweile einige Theorien widerrufen, die sie wenige Jahre zuvor noch verteidigt haben. Falls Sie also mehr über diese Disziplin erfahren möchten, sollten Sie darauf achten, dass alles wissenschaftlich belegbar ist. Ausgehend vom VAKOG-Modell, das unsere fünf Sinne repräsentiert, beschäftigt sich NLP mit zwei Themen: mit der Interpretation von Augenbewegungen (dieser Ansatz wurde wissenschaftlich widerlegt) und mit Kommunikations-/Erinnerungskanälen. Uns interessiert ausschließlich der zweite Ansatz.

➡ **1.** Wir alle bevorzugen bestimmte Kommunikationskanäle. Die zwei geläufigsten sind der Seh- und Hörsinn, auch wenn wir in Abstufungen alle fünf Kanäle einsetzen. Für eine bewusstere Kommunikation sollten Sie in einem ersten Schritt den Kommunikationskanal Ihres Gegenübers identifizieren. Achten Sie hierbei auf die Wortwahl der Person.

Stellen Sie sich vor, Sie unterhalten sich mit Ihrer Freundin Esther, die Ihnen zugehört hat, etwas erwidert hat und schließlich von ihrem Urlaub berichtet.

Gemäß ihrer Vorliebe wird sie beispielsweise sagen:

Visuell	Ich sehe schon, was du meinst. Schau mal, es ist eigentlich ganz einfach. Unser Urlaub? Wunderschön. Blauer Himmel, hübsches Ferien-haus, etc.
Auditiv	Ich verstehe ja, was du meinst. Jetzt hör mal zu, das ist eigentlich ganz einfach. Unser Urlaub? Genial. Super Stimmung, ruhiges Haus, etc.
Kinästhetisch	Ich verstehe dich. Alles easy. Unser Urlaub? Total angenehm. Es war warm, alle waren locker, etc.

➡ 2. Haben Sie den bevorzugten Kommunikationskanal Ihres Gesprächspartners herausgefunden? Dann stellen Sie sich auf ihn ein und verwenden Sie seine Wort-wahl. Die Kommunikation fällt sofort leichter. Wenn Sie allerdings vor einer Gruppe sprechen, sollten Sie versuchen, die ersten drei Kommunikationskanäle alle zu verwenden, um alle Zuhörer zu fesseln.

Kennen Sie das auch? Zwei Personen unterhalten sich und reden aneinander vorbei, obwohl sie offensichtlich dasselbe meinen? Das bedeutet, dass sich zwei Menschen mit entgegengesetzten Kommunikationskanälen unterhalten. Hören Sie ihnen zu, bestimmen Sie ihre Kanäle und teilen Sie ihnen neutral mit, was sie gesagt haben.

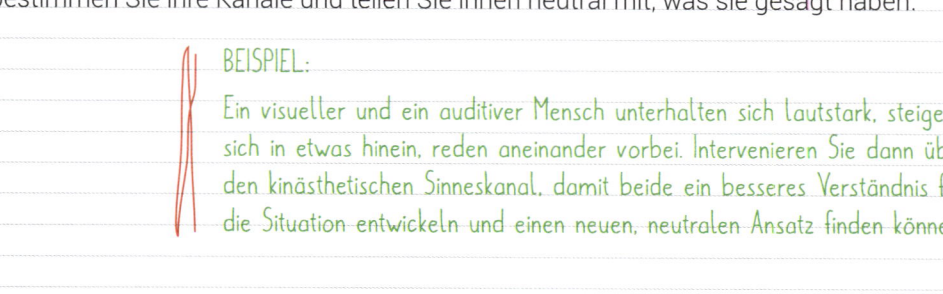

BEISPIEL:

Ein visueller und ein auditiver Mensch unterhalten sich lautstark, steigern sich in etwas hinein, reden aneinander vorbei. Intervenieren Sie dann über den kinästhetischen Sinneskanal, damit beide ein besseres Verständnis für die Situation entwickeln und einen neuen, neutralen Ansatz finden können.

BEWUSSTER
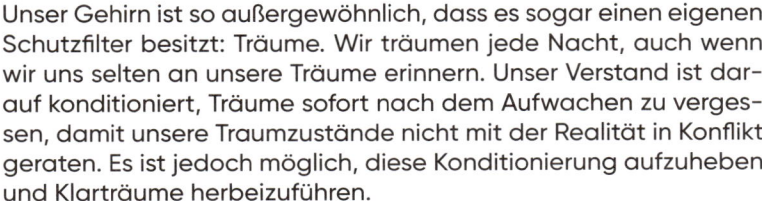
TRÄUMEN

Unser Gehirn ist so außergewöhnlich, dass es sogar einen eigenen Schutzfilter besitzt: Träume. Wir träumen jede Nacht, auch wenn wir uns selten an unsere Träume erinnern. Unser Verstand ist darauf konditioniert, Träume sofort nach dem Aufwachen zu vergessen, damit unsere Traumzustände nicht mit der Realität in Konflikt geraten. Es ist jedoch möglich, diese Konditionierung aufzuheben und Klarträume herbeizuführen.

Klarträume bedeuten, dass man sich im Traum bewusst wird, dass man träumt! Hat man diesen Schritt geschafft, gibt es zwei Möglichkeiten:

➡ Man verhält sich wie im Wachzustand: Das Unterbewusstsein generiert 1:1 die Umgebung, die Ereignisse und den physischen Handlungsspielraum.

➡ Man wird allmächtig: Alle Aspekte des Traums können nach Wunsch verändert werden.

Es ist möglich, diese außergewöhnliche Disziplin mit etwas Geduld und einigen Tricks zu erlernen. Der führende Forscher auf diesem Gebiet ist Stephen LaBerge, der sich der Thematik wissenschaftlich genähert und mit seinen Teams verschiedene Techniken entwickelt hat, um Klarträume schneller einzuleiten.

➡ 1. MACHEN SIE EINEN REALITÄTSCHECK

Überlegen Sie sich eine Handlung, die Sie mehrmals am Tag ausführen und in den Traum integrieren können, wie das Öffnen einer Tür. Halten Sie von nun an, wenn Sie diese Handlung ausführen und Ihre Hand auf eine Klinke legen, immer für einige Sekunden inne und stellen Sie sich folgende Fragen:

➡ Wo komme ich her? Was habe ich dort getan? Wie bin ich hierhergekommen?
➡ Welche Tageszeit ist gerade? Ergibt alles Sinn?
➡ Warum bin ich hier? Wie wird der Tag weiter ablaufen?

Auf diese Weise lernen Sie, sich kritisch zu hinterfragen und das Schema (wenn Sie es mehrmals täglich zu bestimmten Zeitpunkten wiederholen) in Ihre nächtlichen Spaziergänge zu übertragen. Mit der Zeit werden Ihnen Ungereimtheiten auffallen, die Ihnen bewusst machen, dass Sie die Realität verlassen haben. Beim ersten Mal werden Sie wahrscheinlich aufschrecken, da es ziemlich aufregend ist, sich in einem Traum wiederzufinden, aber Sie werden sich rasch an dieses Gefühl gewöhnen.

➡ 2. ENTSCHEIDEN SIE SICH BEWUSST FÜR EINEN KLARTRAUM

Versuchen Sie, kurz vor dem Einschlafen bewusst zu entspannen, indem Sie tief ein- und ausatmen und lautlos folgenden Satz flüstern: „Heute Nacht werde ich mir im Traum bewusst machen, dass ich träume." Mit dieser klaren Botschaft, die Sie Ihrem Unterbewusstsein senden, begünstigen Sie die Herbeiführung eines Klartraums.

➡ 3. SEIEN SIE DER PROTAGONIST IHRER TRÄUME

Malen Sie sich Ihren Traum aus, wenn Sie im Bett liegen. Den Ort, die Personen, was Sie darin machen. Lassen Sie Ihrer Fantasie freien Lauf. Sehen Sie nicht einfach nur zu, sondern agieren Sie! Betrachten Sie Ihre Traumwelt nicht von außen, sondern durch Ihre Augen! Sie sehen sich keinen Film an, Sie sind der Hauptdarsteller!

Rufen Sie sich in Erinnerung, wie man sieht, und was. Betrachten Sie zunächst bewusst Ihre Arme, dann Ihre Nasenspitze, und schließlich Ihre Umgebung, die Menschen um Sie herum, etc.

Denken Sie immer daran, dass selbst „gute" Träumer im Schnitt nur vier bis fünf Klarträume pro Monat herbeiführen können. Lassen Sie sich nicht entmutigen. Es lohnt sich! Ich würde lügen, wenn ich Ihnen verspräche, dass Sie bis morgen die drei Traumstufen aus „Inception" (2010) beherrschen, aber die Wahrscheinlichkeit, dass Sie in den nächsten Wochen Ihren ersten Klartraum erleben, ist relativ hoch.

MNEMOTECHNIK
IN ZEHN PUNKTEN

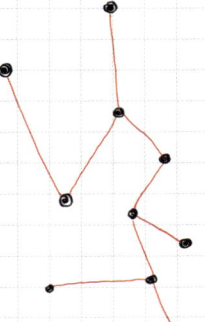

Was mir an der Mnemotechnik gefällt, ist, dass sie einen universellen Charakter hat, wenn man sie richtig einsetzt. Hier nun zehn meiner liebsten Schlauheiten, von denen Sie ganz sicher die Mehrzahl für immer im Gedächtnis behalten werden! Ich bringe Ihnen jedoch nicht nur einige interessante Dinge bei, sondern anhand dieser Beispiele auch, wie man mnemotechnische Bezüge herstellt und peu à peu eigene entwickelt.

➡ 1. DIE ZEITUMSTELLUNG

Nervt es Sie auch, nie zu wissen, ob Sie Ihren Wecker um eine Stunde vor- oder zurückstellen müssen? Im April stellen wir die Terrassenmöbel raus – also vor. Und im Oktober holen wir sie wiederrein – also zurück.

➡ 2. SCHARFES „ß" ODER DOPPEL-S?

Visualisieren Sie die Wörter Fluss und Fuß und sprechen Sie sie anschließend laut aus.

Na los, es hört schon keiner zu!

Haben Sie den Unterschied gehört? Auf kurze Vokale folgt ein Doppel-S und auf lange Vokale ein scharfes „ß". Denken Sie einfach an dieses Beispiel, wenn Sie sich das nächste Mal fragen, welches „s" Sie setzen müssen.

➡ 3. BACKBORD UND STEUERBORD

Wie merkt man sich die Backbord- und die Steuerbordseite eines Schiffes? Na, über die alphabetische Reihenfolge, die bei Backbord und Steuerbord dieselbe Seitenfolge ergibt wie bei links und rechts. Man kann sich aber auch mit einem Merkspruch behelfen: „Steuern zahlt man von Rechts wegen. Die Farbgebung können Sie sich merken, indem Sie sich vorstellen, jemandem eine Backpfeife zu geben. Die meisten Menschen sind Rechtshänder. Verpassen Sie Ihrem Gegenüber also mit der rechten Hand eine Backpfeife, wird seine linke Wange rot aufleuchten."

➡ 4. WER HAT DIE GRÖSSEREN OHREN?

Sicher wissen Sie, dass man afrikanische und indische Elefanten an der Größe ihrer Ohren erkennen kann. Aber wie war das noch? Ganz einfach: Afrikanische Elefanten haben große Ohren. Sie haben eine ähnliche Form wie der große afrikanische Kontinent. Und indische Elefanten haben kleine Ohren, weil Indien kleiner ist als Afrika.

➡ 5. ARKTIS UND ANTARKTIS

Wer ist im Süden, wer im Norden? Zählen Sie einfach die Buchstaben von beiden Wörtern! Antarktis hat mehr Buchstaben, ist also schwerer und „rutscht" nach Süden.

➡ 6. WER FÄLLT, WER STEIGT?

Kalt geht es weiter: wer fällt, wer steigt? Stalag**t**iten tropfen von der **T**ecke, Stalag**m**iten machen die **M**atte.

➡ 7. KONVEX ODER KONKAV?

Verwechseln Sie nie wieder konvex oder konkav, indem Sie sich einen dickbäuchigen Schuldirektor vorstellen und reimen: „Der Bauch vom Direx ist konvex!" Oder merken Sie sich einfach „Der Kaffeebecher ist konkav".

➡ 8. DIE AMERIKANISCHEN PRÄSIDENTEN

Behalten Sie die Amerikanischen Präsidenten seit dem Zweiten Weltkrieg in der richtigen Reihenfolge, indem Sie sich eine kleine Geschichte ausdenken:
Rose (Roosevelt) war treu (Truman) wie Eisen (Eisenhower) und kannte (Kennedy) einen Sohn (Johnson), der wie nix (Nixon) in einem Busch (Bush senior) mit sieben Flinten (Clinton) dem Nachbarsbursch' (Bush junior) ein Lama (Obama) schoss − der Lump (Trump)!

➡ 9. DIE DEUTSCHEN BUNDESKANZLER

Merken Sie sich dieses mnemotechnische Prinzip:
Alle ehemaligen Kanzler bringen sonntags knusprige Semmeln mit.
Die Anfangsbuchstaben verweisen auf die jeweiligen Kanzler:
Alle (Adenauer) ehemaligen (Erhard) Kanzler (Kiesinger) bringen (Brandt) sonntags (Schmidt) knusprige (Kohl) Semmeln (Schröder) mit (Merkel).
Oder: Auch (Adenauer) ein (Erhard) kerngesunder (Kiesinger) Bariton (Brandt) singt (Schmidt) keine (Kohl) Sauflieder (Schröder) mit (Merkel).
Solche Merksprüche funktionieren natürlich auch für andere Dinge, wie z.B. die Reihenfolge der Planeten in unserem Sonnensystem:
Mein (Merkur) Vater (Venus) erklärt (Erde) mir (Mars) jeden (Jupiter) Sonntag (Saturn) unseren (Uranus) Nachthimmel (Neptun).
Seien Sie kreativ!

➡ 10. DER ZU- UND ABNEHMENDE MOND

Es ist kinderleicht, die Sichel des zunehmenden Mondes von der des abnehmenden Mondes zu unterscheiden. Sie müssen die Mondsicheln nur als Klammern betrachten, also: (= Klammer auf = abnehmender Mond, und) = Klammer zu = zunehmender Mond.

ANDERS RECHNEN
TEIL 1

Wir alle verlassen uns auf die Art zu rechnen, die wir in der Schule gelernt haben. Warum sollten wir sie auch infrage stellen? Sie funktioniert doch. Es führen aber auch noch andere Wege nach Rom, und zwar garantiert ohne sich zu verrechnen!

⮕ DAS KLEINE EINMALEINS MIT 9

➡ **1.** Drehen Sie Ihre Hände mit den Handflächen nach oben und stellen Sie sich vor, dass der linke Daumen (äh, genau, der nach außen zeigt …) den Wert 1 markiert, der Zeigefinger 2 und so weiter und so fort bis zum rechten Daumen, der den Wert 10 hat.

➡ **2.** Wenn Sie nun aus irgendeinem Grund eine Multiplikation mit 9 rechnen müssen und sich unsicher sind, können Sie sich mit Ihren Fingern behelfen.

BEISPIELE:

Um 9 x 4 zu rechnen, winkeln Sie den Ringfinger Ihrer linken Hand an (den 4. Finger). Betrachten Sie Ihre Hände. Die Zahl der Finger links vom angewinkelten Finger entspricht der Zehnerstelle und die Zahl der Finger rechts des angewinkelten Fingers der Einerstelle – ja, beide Hände zählen!

Um 9 x 6 zu rechnen, winkeln Sie den kleinen Finger Ihrer rechten Hand an (den 6. Finger). Sie sehen fünf ausgestreckte Finger links und vier rechts. Das Ergebnis ist: 54. Äußerst praktisch, wenn man sich mal unsicher ist!

➡ DAS KLEINE EINMALEINS MIT 6, 7 UND 8

Niemand hat seine Rechentabellen immer präsent, was daran liegt, dass wir sie im Alltag selten benötigen. Aber Sie wissen ja, wie das im Leben ist: Selbst zählt der Mann (oder die Frau)! Und genau das werden wir tun!

➡ **1.** Grundsätzlich gilt: Ihre geschlossenen Fäuste haben je den Wert 5 und jede Hand entspricht einer Zahl der Multiplikation.

➡ **2.** Sie ermitteln die gewünschten Zahlen, indem Sie Ihre Finger ausstrecken.

> BEISPIELE:
>
> Um mit einer Hand „6" anzuzeigen, behalten Sie die Faust bei (ergibt 5) und strecken den Daumen aus (6).
> Um mit einer Hand „7" anzuzeigen, behalten Sie die Faust bei (ergibt 5) und strecken den Daumen und den Zeigefinger aus (7) usw.

➡ **1.** Wenn Sie 7 x 7 rechnen, behalten Sie beide Fäuste bei und strecken die Daumen und Zeigefinger aus (ergibt „7" pro Hand).

➡ **2.** Wir rechnen wie folgt. Geschrieben wirkt es verwirrend, aber schauen Sie einfach weiter auf Ihre Hände. Die Formel lautet: **(Zahl der ausgestreckten Finger x 10) + (nicht ausgestreckte Finger der linken Hand mal nicht ausgestreckte Finger der rechten Hand)** Anders formuliert: 1) Die Summe der ausgestreckten Finger entspricht der Zehnerstelle. 2) Multiplizieren Sie die nicht ausgestreckten Finger der linken Hand mit den nicht ausgestreckten Fingern der rechten Hand und 3) setzen Sie die beiden Zahlen zusammen. In der Multiplikation 7 x 7 sind 4 Finger ausgestreckt (ergibt 40), und 3 Finger pro Hand nicht ausgestreckt (also 3 x 3 = 9). Addieren Sie nun beide Zahlen (40 +9), um zu Ihrem Ergebnis zu gelangen.

➡ RECHNEN WIE DIE BÄCKERSFRAU

Wenn unsere geschäftstüchtigen Einzelhändler eines beherrschen, dann ist es die „umgedrehte Subtraktion". Ich kann Ihnen diese schnelle Methode des Kopfrechnens nur empfehlen, da sie es Ihnen fast unmöglich macht, sich zu verrechnen.
Der Trick ist, mit der kleineren Zahl zu beginnen und sich bis zur größeren Zahl vorzuarbeiten, um zum Ergebnis zu kommen.

➡ **1.** Runden Sie auf.

➡ **2.** Runden Sie weiter bis zur größeren Zahl auf (aber nicht über die Zahl hinaus).

➡ **3.** Füllen Sie exakt auf.

⇥ **4.** Addieren Sie die ersten 3 Schritte.

In der Praxis würde das bei „366 minus 39" wie folgt aussehen:

➜ **Ich beginne mit der 39 und rechne bis 366.**

⇥ **1.** 39 und 1 ergibt 40

⇥ **2.** 40 und 320 ergibt 360

⇥ **3.** 360 und 6 ergibt 366

⇥ **4.** 1 + 320 + 6 = 327! Diese Methode erspart es Ihnen, sich den Übertrag merken zu müssen.

Das war Teil 1. Auf die letzte Methode, die höchstwahrscheinlich Ihre komplette Art zu rechnen auf den Kopf stellen wird, werde ich später zurückkommen. Aber verdauen Sie erst einmal Ihr neu erworbenes Wissen, bevor wir uns an Teil 2 wagen.

UENSR GHERIN EKRNENT WRTEÕR AFURUGND IREHS ETRSEN UND LTEZETN BCHUSATBAENS. DIE ORNUDNG IM WIORNTNERN SLPIET DEABI KENIE RLOLE – WIE ASSUERWÕGEHNLICH!

DER MAGISCHE

KREIS

Hätten Sie es je für möglich gehalten, dass ein Buch eine Entscheidung vorhersehen kann, die Sie gleich treffen werden? Der absolute Horror! Aber genau das wird passieren!

Sehen Sie den Kreis auf der gegenüberliegenden Seite? Warum wohl ist die Anleitung auf der Seite daneben? Ganz einfach, weil Sie sie in Ruhe lesen und den Trick erst an sich selbst ausprobieren sollen, bevor Sie ihn Ihren Freunden erklären statt ihn vorzulesen. Auf diese Weise wird der Effekt umso größer sein.

Lesen Sie also die Anleitung getreu dem Motto „Was man nicht selbst macht ..." durch und befolgen Sie sie Schritt für Schritt. Es lohnt sich!

➡ 1. **Legen Sie Ihren Zeigefinger auf das rote Kreuz in der Mitte** und überlegen Sie sich eine Zahl zwischen 10 und 50.

➡ 2. **Rücken Sie mit Ihrem Finger die entsprechende Anzahl an Feldern vor,** und zwar wie folgt: Rücken Sie auf die „1" und sagen Sie „1", dann auf die „2" und sagen Sie „2", auf die „3" und sagen Sie „3", auf das Feld mit den „Wellen" und sagen Sie „4", auf das Pi und so weiter und so fort. Zählen Sie die Felder ab, bis Sie bei der Zahl sind, die Sie sich überlegt haben.
Lassen Sie die Felder „1", „2", „3" aus, wenn Sie mehrere Runden drehen müssen.

➡ 3. **Haben Sie das Feld erreicht, das Ihrer Zahl entspricht? Dann legen Sie jetzt den Rückwärtsgang ein und zählen Sie ein weiteres Mal durch.** Sagen Sie „1" für das Feld hinter dem Feld, auf dem Sie sich aktuell befinden, „2" für das Feld dahinter und so weiter.

➡ 4. **Das war's. Beziehungsweise fast ... Sie befinden sich jetzt auf einem Feld, das Sie durch die Zahl, die sie vorhin gewählt haben, festgelegt haben.** Denken Sie daran, dass Sie es waren, der die Zahl ausgesucht hat ... und drehen Sie die Seite mit dem Kreis um.

VERBLÜFFEN SIE JETZT IHRE FREUNDE!

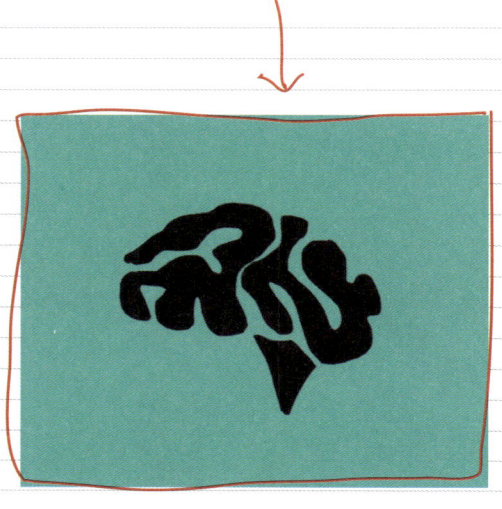

ERFOLGREICH
SPRECHEN

Egal, ob Sie vor einer Person sprechen, zum Beispiel während einer Prüfung oder in einem Verkaufsgespräch, vor einer Gruppe, einer Klasse, während einer Versammlung oder im Zuge einer Konferenz mit hunderten von Zuhörern – niemandem ist es angeboren, locker und entspannt vor Menschen aufzutreten.

Dabei sind Form und Inhalt gleichermaßen wichtig. Das gilt nicht nur für Kommunikation an sich, sondern für alle möglichen Bereiche. Sogar für dieses Buch! Im Restaurant soll das Gericht ja auch nicht nur schmecken, sondern auch schön präsentiert werden.

Achten Sie auf Ihren Tonfall, betonen Sie einzelne Wörter, variieren Sie. Stellen Sie sich vor, jemand erzählt Ihnen etwas Interessantes und spricht dabei langsam, mit monotoner, eintöniger, lahmer Stimme – wer will da noch zuhören?

➡ 1. SETZEN SIE AKZENTE

Wenn Sie sich mit Ihren Freunden unterhalten und etwas zum Besten geben, bringen Sie doch meist ein bisschen Pepp in die Geschichte, oder? Na also, dasselbe machen Sie hier: Erzählen Sie mit Herzblut und setzen Sie im Verlauf Ihrer Rede Akzente. Reißen Sie Ihre Zuschauer mit, indem Sie Spaß an ihrem Thema haben.

➡ 2. FASSEN SIE SICH KURZ

Seien Sie KPP: Klar, Präzise, Prägnant. Wer etwas auf den Punkt bringen möchte, sollte sich vorher überlegen, was er sagen will und sich strukturieren. Ihre Botschaft wird umso klarer, je besser Sie vorbereitet sind. Außerdem macht Sie das sympathisch. Und zu guter Letzt: Jemand, der weiß, was er will, überzeugt auch.

➡ 3. BAUEN SIE AUGENKONTAKT AUF

Wenn Sie sich mit jemandem unterhalten, sehen Sie der Person dabei in die Augen, richtig? Behalten Sie diese Gewohnheit bei, wenn Sie eine Verbindung mit Ihrem Gegenüber aufbauen möchten. Vor einem größeren Publikum sollten Sie Ihren Blick jedoch über verschiedene Personen und Orientierungspunkte wandern lassen, um Ihre gesamte Zuhörerschaft einzubeziehen.

➡ 4. SPRECHEN SIE LAUT

Da wir uns selbst beim Sprechen hören können, schätzen wir die tatsächliche Lautstärke unserer Stimme oftmals falsch ein. Zwingen Sie sich dazu, lauter zu sprechen, als Sie eigentlich vorhaben. Man wird Sie besser verstehen, sowohl akustisch als auch inhaltlich. Ein weiterer, nicht zu unterschätzender Vorteil ist, dass Ihre Betonung besser wird.

➡ 5. BESCHWÖREN SIE IHR INNERES LÄCHELN

Genau diesen Ratschlag habe ich Ihnen schon einmal gegeben, und zwar auf Seite 28, als ich Ihnen erklärt habe, wie man am besten eine fremde Person anspricht. Seien Sie happy, zwingen Sie sich zu einem Lächeln, verspüren Sie eine innere Zufriedenheit! Auch wenn sie gespielt ist, das echte Gefühl wird sich schon noch einstellen. Positive Energien zahlen sich aus!

UNIVERSELLE MIKROEXPRESSIONEN
ANGST

UNTER DER LUPE BETRACHTET: DIE UNIVERSELLE MIKROEXPRESSION ANGST!

Die Mikroexpression Angst hat viele Facetten (Panik, Furcht, Entsetzen, etc.) und ist sehr geläufig. Wir sind privat wie beruflich vielen Belastungen ausgesetzt und reagieren angesichts einer gefährlichen Situation mit der Mikroexpression Angst, wobei jeder anderes reagiert: der eine beherzt, der andere nimmt die Gefahr nicht einmal als solche wahr. Es kommt dabei ganz auf unser persönliches Stresslevel an!

Die Mikroexpression Angst kann durch klassische Gefahrensituationen wie einen Angriff oder eine lebensbedrohliche Lage ausgelöst werden, aber auch komplexer emotionaler Natur sein, zum Beispiel wenn man:
➡ **eine peinliche Frage beantworten soll**
➡ **beim Lügen ertappt wird**
➡ **zufällig auf jemanden trifft, dem man nicht begegnen wollte**
➡ **kurz davor ist, sich zu blamieren**
➡ **sich allgemein einer schwierigen Situation stellen muss**

Sehen Sie hier, wie die Gesichtsmuskeln zusammenspielen, um die Mikroexpression Angst zu zeigen:

➡ **die oberen Augenringmuskeln heben sich**
➡ **die Pupillen ziehen sich zusammen**
➡ **der Mund öffnet sich leicht**
➡ **die Augenbrauen heben sich und bewegen sich leicht aufeinander zu**

Abgesehen vom Gesicht versteift sich der Körper und spannt sich an. Das Ganze wird von einem kurzen, heftigen Einatmen begleitet. Der Körper stellt sich auf Flucht ein und das Gehirn reagiert mit einer Kettenreaktion: die Sehkraft wird erhöht, die Muskeln werden mit mehr Sauerstoff versorgt und es wird Adrenalin für eine schnellere Reaktionsfähigkeit ausgeschüttet.

Ich habe festgestellt, dass die Mikroexpression Angst in der Auseinandersetzung mit nonverbaler Kommunikation gerne vernachlässigt wird. Begehen Sie nicht denselben Fehler! Im Gegenteil, sehen Sie genau hin, denn nur wer in der Lage ist, die Zeichen der Mikroexpression Angst richtig zu deuten, wird die wahren Gefühle einer Person erkennen können.

Üben Sie, indem Sie sich zum Beispiel Fernsehformate wie „Ich bin ein Star – holt mich hier raus!" oder andere Reality-TV-Shows ansehen (ich entschuldige mich im Voraus für die Kritik, die es hageln wird!). Die Kandidaten erleben emotionale Höhen- und Tiefflüge, die Sie unbedingt auf Video aufnehmen sollten, um später in Zeitlupe alle Facetten der Mikroexpression Angst analysieren zu können – und zwar dann, wenn die Teilnehmer ihre Prüfungen vorgelesen bekommen!

UNIVERSELLE MIKROEXPRESSIONEN
ÜBERRASCHUNG

DIE DEUTLICHSTE FORM DER VERWUNDERUNG IST DIE ÜBERRASCHUNG.

Einige Mikroexpressionen sind weniger flüchtig als andere, doch die Überraschung würde jedes Wettrennen gewinnen! Sie gleitet in Sekundenbruchteilen über das Gesicht und verwandelt sich danach in eine andere Emotion oder einen neutralen Gesichtsausdruck. Die unverfälschte Überraschung ist schnell wie der Blitz, ein Blinzeln nach einem Reiz.

Sehen Sie hier, wie die Gesichtsmuskeln zusammenspielen, um die Mikroexpression Überraschung auszulösen:
➡ **die Augenbrauen heben sich leicht**
➡ **der Mund öffnet sich (leicht oder ganz)**
➡ **die Augen weiten sich**

Behalten Sie im Hinterkopf, dass Sie diese Merkmale nie in ihrer maximalen Ausprägung sehen werden. Ihre Intensität ist unmittelbar an den Grad der Überraschung gekoppelt, was bedeutet, dass der Ausdruck sowohl sehr schwach als auch extrem stark ausfallen kann. Und auf die Gefahr hin, das ich mich wiederhole: sie ist immer blitzschnell.

Sollte es dazu kommen, dass Sie die Überraschung tatsächlich länger als eine Sekunde auf einem Gesicht sehen, können Sie schlussfolgern, dass es sich nicht um eine echte Mikroexpression handelt, sondern um eine Simulation. Anders formuliert: Die Person hat den Ausdruck sehr bewusst und mit einer bestimmten Absicht erzeugt.

Gründe für eine Simulation gibt es viele:
➡ **man möchte seine Freude ausdrücken, zum Beispiel beim Öffnen eines Geschenks**
➡ **man möchte vorgeben, etwas nicht gewusst zu haben**
➡ **man möchte seine Aufmerksamkeit signalisieren**
➡ **man möchte seine Beteiligung an einer Sache verheimlichen**

An dieser Stelle möchte ich Sie darauf aufmerksam machen, dass bei Menschen, die am Gesicht operiert wurden (Unfall, Lähmung, ästhetische Gründe, etc.), manche Muskeln nicht mehr funktionieren. Mikroausdrücke, die sich aus einem präzisen Zusammenspiel aus Muskeln ergeben, werden dann nur noch sehr schwierig auf einem Gesicht zu erkennen sein.

Wenn Sie sich darin üben möchten, die Mikroexpression Überraschung zu erkennen, sollten Sie sich auf entscheidende Gesichtspartien wie Augenbrauen, Augen und Mund konzentrieren – und einfach mal Ihre Freunde erschrecken, um die Überraschung ganz unverstellt im wahren Leben zu beobachten. Nur zu, achten Sie dabei auch auf die Mikroexpression Wut, die direkt danach über die Gesichter Ihrer Freunde gleiten wird. Also kurz bevor Sie die Flucht antreten!

UNIVERSELLE MIKROEXPRESSIONEN

Da sich Mikroexpressionen bei allen Menschen auf der Welt gleich äußern, lohnt es sich, auch der Wut genauer ins Antlitz zu schauen! Wut befördert aggressives Verhalten und kann in einen regelrechten Wutanfall ausarten. Da die Mikroexpression zu jeder Gelegenheit auftauchen kann, sogar mitten im Gespräch, lohnt es sich definitiv zu wissen, wie man sie erkennt.

Die Mikroexpression Wut könnte aus folgenden Gründen über das Gesicht Ihres Gesprächspartners huschen:
➡ **Sie erwähnen eine Person, die Ihr Gegenüber hasst.**
➡ **Sie haben Ihr Gegenüber verletzt, ohne es zu merken.**
➡ **Ihr Gegenüber ist über irgendetwas sehr verärgert.**
Das Ergebnis: Ihr Gesprächspartner lässt Zeichen von Aggressivität erkennen. Versuchen Sie daher, die Situation zu entspannen.

Sehen Sie hier, wie die Gesichtsmuskeln zusammenspielen, um die Mikroexpression Wut auszulösen:
➡ die Augenbrauen ziehen sich zusammen
➡ die Lippen pressen sich aufeinander
➡ die Nasenflügel blähen sich (ein sehr deutliches Zeichen)
➡ der Blick wird starr

Wenn Sie sich mit jemandem unterhalten, sollten Sie dieser Person entspannt ins Gesicht sehen und selbst auf kleinste Veränderungen achten. Wie gesagt, Mikroexpressionen tauchen nur für Sekundenbruchteile auf. Alles andere sind normale oder bewusste Gesichtsausdrücke.

Achten Sie während der Unterhaltung also immer auf das Gesicht der Person, damit Ihnen auch wirklich nichts entgeht. Schließlich können Sie Mikroexpressionen nur auswerten, wenn Sie sie auch erkennen, und genau darum geht es in diesen Kapiteln. Versuchen Sie, sich in einem ersten Schritt auf die Lippen Ihres Gegenübers zu konzentrieren sowie auf die Augenbrauen, die Nasenflügel, die Pupillen und die Augenlider. Am einfachsten ist es, wenn Sie sich eine

vertikale Linie vorstellen, die über die Stirn zum Kinn verläuft, und auf alle Veränderungen achten, die sich nahe dieser Linie abspielen.

Legen Sie jedoch kein seltsames Verhalten an den Tag, indem Sie die Menschen in Ihrer Umgebung mit starrem Blick zu mustern beginnen. Wenn Sie jemanden beobachten, der vor einer Gruppe spricht, ist das egal, aber in einem Zweiergespräch sollten Sie locker bleiben und Ihrem Gesprächspartner entspannt zuhören.

UNIVERSELLE MIKROEXPRESSIONEN
TRAURER

WIR KOMMEN ZUR FREUDLOSESTEN MIKROEXPRESSION: DER TRAUER!

Trauer ist immer an ein emotionales Leid geknüpft. Es kann persönlicher Natur sein, weil Ihnen etwas widerfährt, das Sie traurig stimmt, Sie also unmittelbar betrifft. Es kann aber auch unpersönlicher Natur sein, wenn Sie empathisch auf etwas reagieren, das anderen, fremden Menschen zustößt und Sie betroffen macht, oder weil Sie mit einer Person fühlen, die Ihnen eng verbunden ist.

Ein wichtiger Hinweis auf Trauer lässt sich nicht direkt im Gesicht beziehungsweise im Zusammenspiel der Gesichtsmuskeln ablesen und ist daher nur schwer in Worte zu fassen: Ich spreche hier von „leeren Augen", einem „in die Ferne gerichteten Blick", der nichts Bestimmtes fixiert, sondern sich zu verlieren scheint.

Sehen Sie hier weitere Zeichen der Mikroexpression Trauer, die sich aus dem Zusammenspiel der Gesichtsmuskeln ergeben:
➡ **die Mundwinkel biegen sich leicht nach unten**
➡ **die Augenbrauen bewegen sich nach oben (wie bei der Angst)**
➡ **die oberen Augenlider senken sich**
➡ **in manchen Fällen werden sogar die Nasenflügel flacher**

Behalten Sie im Hinterkopf, dass Mikroexpressionen das Ergebnis von Muskelkontraktionen sind, sprich dass bestimmte Muskeln gleichzeitig aktiviert werden müssen, damit wir die jeweiligen Mikroexpressionen zweifelsfrei identifizieren können.

Trauer ist übrigens die einzige Mikroexpression, die man (mehr oder weniger erfolgreich) verbergen oder abschirmen kann. Man kann sie aber auch erzwingen. Unser Gehirn ist so daran gewöhnt, bestimmte Kontraktionen mit bestimmten Gefühlen zu assoziieren, dass Sie, wenn Sie alle Zeichen der Traurigkeit gleichzeitig aktivieren, tatsächlich ein Gefühl von Traurigkeit verspüren werden.

Versuchen Sie es. Wenn Sie in Tränen ausbrechen sollten, dürfen Sie diese Seite ruhig aus dem Buch reißen und sich mit ihr schnäuzen. Ihre Entscheidung ...

UNIVERSELLE MIKROEXPRESSIONEN
VERACHTUNG

ET VOILÀ, MEINE LIEBSTE MIKROEXPRESSION: DIE VERACHTUNG!

Damit will ich nicht sagen, dass es mir gefällt, verachtet zu werden oder gar Spaß daran hätte, andere zu verachten. Es ist nur so, dass diese Mikroexpression am leichtesten zu erkennen ist. Und wenn man sie einmal „drauf" hat, kann man sie nicht mehr verfehlen! Warum? Weil es sich um die einzige asymmetrische Mikroexpression handelt! Sie taucht auf, sobald sich jemand einer Person, einer Gruppe oder einer Situation überlegen fühlt.

Auch diese Mikroexpression wird durch ein Zusammenspiel verschiedener Gesichtsmuskeln ausgelöst:
➜ die Mundwinkel heben sich (Jochbeinmuskel)
Da diese Mikroexpression asymmetrisch ist, wird sich allerdings nur einer der beiden Mundwinkel anheben.
➜ das Kinn kräuselt sich
➜ der Kopf knickt leicht nach hinten

Laut Paul Ekmans Code (siehe auch das nächste Kapitel) gilt die Aktionseinheit 10, also die Aktivierung des Mundwinkels, bei Asymmetrie als Hauptmarker für Verachtung. Diese Bewegung ist besonders bei einer nonverbalen Lesart hilfreich, da Menschen ihre Verachtung meist nicht offen zeigen, sondern für sich behalten.

Bei dieser Mikroexpression kann man ferner eine leichte Rückwärtsbewegung beobachten und gleichzeitig, wie sich die Person aufrichtet und die Brust herausstreckt.

Ich möchte Ihnen an dieser Stelle eine Frage stellen: Kann man, Ihrer Meinung nach, eine Mikroexpression simulieren? Falls Sie „ja" denken, begehen Sie den gleichen Fehler wie jene, die „nein" denken. Die Wahrheit liegt, wie so oft, dazwischen.

Wenn Sie zum Beispiel alle Aktionseinheiten aktivieren, die eine Mikroexpression auslösen, dann sind Sie logischerweise dabei, eine zu simulieren. Wie ein Schauspieler oder Paul Ekman himself während einer seiner Konferenzen – der Kerl ist einfach unglaublich, er schafft es tatsächlich, jeden einzelnen seiner Gesichtsmuskeln zu aktivieren, und zwar unabhängig voneinander! Trotzdem darf ich Sie noch einmal daran erinnern, dass Mikroexpressionen nur Sekundenbruchteile andauern. Sie sind viel zu kurz, als dass Sie sich beherrschen ließen. Es ist völlig unmöglich, während eines Gesprächs seinen Gesichtsmuskeln Befehle zu schicken, sie in Position zu bringen und gleichzeitig einen neutralen Gesichtsausdruck zu bewahren – und das alles in 0,25 Sekunden!

UNIVERSELLE MIKROEXPRESSIONEN
FREUDE

UNSER ALLER LIEBSTE MIKRO-EXPRESSION IST JEDOCH DIE FREUDE!

Wir leben in einer Zeit, in der es zur Norm gehört, dass man „lächelt", dass wir uns ungeachtet der Umstände als glückliche Menschen präsentieren. Ein erzwungenes Lächeln fördere die echte Freude, heißt es. Ein schöner Gedanke, doch die Wahrheit ist viel komplizierter.

In einem der vorherigen Kapitel haben wir eine unschlagbare Methode entwickelt, wie wir ein echtes Lächeln von einem falschen unterscheiden. Merken Sie sich jedoch eines: Ein echtes Lächeln ist DER ultimative Ausdruck wahrer Freude. Es gibt jedoch noch andere Zeichen, mit denen Sie die Mikroexpression Freude erkennen können.

Lesen Sie hier, wie die Gesichtsmuskeln zusammenspielen müssen, um die Mikroexpression Freude anzuzeigen:
- ➜ **die Mundwinkel ziehen sich auseinander und nach oben**
- ➜ **die Wangen gehen nach oben und es zeichnen sich Nasenfurchen ab**
- ➜ **die Augen werden kleiner und es bilden sich Krähenfüße**

Erlauben Sie mir einige letzte Zeilen zu unserem geschätzten Herrn Ekman. Auch wenn er nicht der Erste war, der sich mit Mikroexpressionen auseinandersetzte, so war doch er es, der im Jahr 1978 eine Liste mit Aktionseinheiten veröffentlichte und die Forschung ein großes Stück weiterbrachte, indem er alle Einheiten codierte, inklusive aller Muskeln und Bewegungen, die sie auslösten. Das Resultat ist eine Art Gesichtsmuskelwörterbuch. Ziemlich genial, oder? Vor allem wenn man bedenkt, dass Ekman auf Kommando jede beliebige Aktionseinheit seines Gesichts aktivieren kann.

Als Paul Ekman untersuchte, wie die Muskeln untereinander agieren, gelang es ihm, über 10 000 unterschiedliche Gesichtsausdrücke zu identifizieren. 3000 davon sind zweckdienlich, während die restlichen 7000 als „Grimassen" jeglicher Art eingestuft werden. Ausgehend von diesen 3000 Ausdrücken analysierte, systematisierte und identifizierte er sieben universelle Mikroexpressionen, die für die gesamte Menschheit gelten.

Wir wissen mittlerweile, dass eine Mikroexpression durch das Zusammenspiel mehrerer Muskeln ausgelöst wird, doch kann ein und derselbe Muskel auch an mehreren Mikroexpressionen beteiligt sein und je nach gewünschter Expression speziell kontrahiert werden. Entscheidend ist das Zusammenspiel. Doch zurück zum Lächeln, das dazu dient, Gefühle wie Angst oder Wut sowie andere Emotionen zu verbergen, und heutzutage als unsere bevorzugte Maske gilt. Denken Sie daher immer daran, nach Markern Ausschau zu halten, die auf ein aufrichtiges Lächeln hinweisen.

EKEL

UND NUN ZUR LETZTEN MIKROEXPRESSION, DIE GERNE MIT DER VERACHTUNG VERWECHSELT WIRD: DER EKEL!

Wie bei allen ausgeprägten Mikroexpressionen, lassen sich die Zeichen des Ekels nur äußerst schwer kontrollieren. Und genau deswegen ist der Ekel ein äußerst leichtes Ziel für Ihre unfehlbaren Detektoren, die Sie doch mittlerweile entwickelt haben, oder etwa nicht? Sie kleine Spürnase!

Die Mikroexpression Ekel wird ausgelöst, wenn man starke Ablehnung verspürt, zum Beispiel gegenüber:
➡ etwas, das man erledigen muss
➡ einem Gegenüber
➡ einer Sache, die man hinnehmen muss
➡ einer Situation, die einem missfällt
➡ etwas, das man uns erzählt
➡ allgemein unangenehmen Situationen
etc.

Ekel zeigt sich wie folgt auf unseren Gesichtern:
➡ die Nasenflügel heben sich
➡ die Augenbrauen ziehen sich durch Kontraktion des Muskelbands auf der Nasenwurzel zusammen
➡ das Kinn runzelt sich durch Kontraktion des Kinnmuskels
➡ die Oberlippe geht leicht nach oben

FAZIT:

Lassen Sie mich Ihnen eine berechtigte Frage stellen: Welchen Sinn ergibt es, Mikroexpressionen zu beobachten? Eine Frage, die sich auf nonverbale Kommunikation per se ausweiten lässt. Was habe ich davon?

Ganz einfach: Sie werden die wahren Gefühle der Menschen erkennen, mit denen Sie sich unterhalten. Nicht ihre „sozialen Masken", die sie sich über das Gesicht streifen, sondern ihre wahren Gefühle.

Sie werden manchmal in der Lage sein, eine Lüge auszumachen, oder feststellen, dass jemand etwas verheimlicht hat, oder eine wahre Emotion erleben, etc. Und immer werden Sie Hypothesen aufstellen können. Verwechseln Sie jedoch nicht Ihre Annahmen mit der Wahrheit. Einzelne Zeichen verweisen nie auf eine absolute Wahrheit, dafür sind wir Menschen zu komplex.

Trotzdem können Ihnen Ihre neu erworbenen Fähigkeiten dabei helfen, empathischer zu werden, besser zuzuhören, mehr Verständnis zu entwickeln und manchmal sogar Spannungen abzubauen, bevor sie entstehen.

ERFOLGREICH
IM VORSTELLUNGSGESPRÄCH

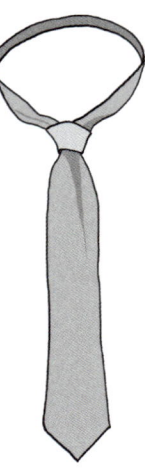

Diese mentale Strategie habe ich für mich selbst entwickelt und sie hat sich als sehr effizient herausgestellt. Dass die französische Bundesagentur für Arbeit mein Video zu Trainingszwecken verwenden würde, hätte ich mir jedoch nicht träumen lassen! Ich hoffe, dass meine Ratschläge auch Ihnen helfen werden, und falls ja, würde ich mich natürlich sehr über eine Nachricht von Ihnen freuen.

Meine Tipps sind kurz und bündig formuliert, damit Sie sie sich leicht merken können und sie am Tag X schnell parat haben. Sie können sich auch mit Ihrem Gedächtnispalast oder Ihrer Erinnerungstabelle vorbereiten, zum Beispiel am Vorabend des Bewerbungsgesprächs, um auf dem Weg dorthin, während Sie warten oder sogar im Gespräch selbst alle relevanten Punkte abrufen zu können.

➡ 1. INFORMIEREN SIE SICH ÜBER DIE FIRMA

➡ über ihre Geschichte
➡ ihre aktuelle Situation
➡ ihre Werte
➡ ihre Entwicklung

➡ 2. SEIEN SIE POSITIV UND PROAKTIV

➡ Formulieren Sie die Fragen Ihres künftigen Arbeitgebers um.
➡ Machen Sie Notizen, während Ihr Gegenüber spricht (und zwar richtige, mit Papier und Stift).
➡ Stellen Sie Ihrerseits Fragen, wenn Sie das Wort haben.

➡ 3. KONTROLLIEREN SIE IHRE HÄNDE

➡ Grüßen Sie mit einem ehrlich gemeinten, festen Händedruck.
➡ Irritieren Sie Ihren Gesprächspartner nicht, indem Sie mit Ihren Händen spielen, sich kratzen, Ihre Haare anfassen, etc. Legen Sie Ihre Hände auf Ihren Knien oder den Armlehnen ab und lassen Sie sie dort. Natürlich dürfen Sie angemessen gestikulieren.

Wenn Ihre Arme krampfhaft liegen, ist es natürlich ebenfalls unnatürlich. Aber spielen Sie nicht herum. Hören Sie aufmerksam zu.

➡ 4. SEIEN SIE AUFGESCHLOSSEN

➡ Verschränken Sie nicht Ihre Arme.
➡ Lächeln Sie, aber ungezwungen.
➡ Sprechen Sie nicht zu schnell, aber auch nicht zu langsam.

➡ 5. ACHTEN SIE AUF ZEICHEN DER LANGEWEILE

➡ **Wenn Ihr Gesprächspartner immer tiefer in seinen Sitz sinkt und zu gestikulieren beginnt, dann bedeutet das, dass er sich langweilt.** Wechseln Sie das Thema, auch wenn er es angestoßen hat! Ändern Sie Ihren Tonfall, stellen Sie eine Frage o.ä.
➡ **Wenn er sich jedoch nach vorne lehnt, sich aufrecht hinsetzt, leicht die Brauen runzelt, etc., dann ist er interessiert.** Weiter so! Wechseln Sie nicht das Thema, schließlich haben Sie ihn gerade „in der Hand"!

ICH WÜNSCHE IHNEN, DASS SIE IHREN
TRAUMJOB ERGATTERN!
SOLLTEN IHNEN DIESE RATSCHLÄGE
DABEI HELFEN, FREUE ICH MICH UMSO MEHR.

SAGEN SIE DIE WAHL
EINER KARTE VORAUS

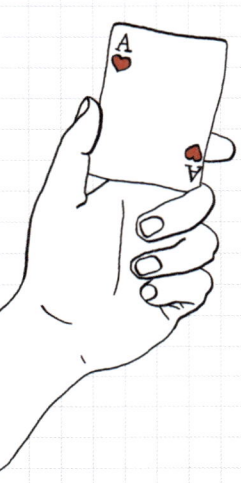

Was, Sie sind kein Kartenfanatiker?! Umso besser! Als ich angefangen habe, mich für Spielkarten zu interessieren, um andere zu verblüffen, wusste ich so gut wie nichts über das geheime Leben der Karten. Dafür kannte ich mich ein wenig mit den Funktionsweisen unseres Verstands und unserer Aufmerksamkeit aus. Auf dieser Basis habe ich einen einfachen Kartentrick (was das Material angeht) entwickelt, der einschlägt wie eine Bombe!

Da ich Ihnen den Trick nun en détail erklären werde, könnte es sein, dass Sie seinen Erfolg anzweifeln werden, vor allem, weil Sie zuvor leider nicht selbst in den Genuss kommen konnten, ihn live zu erleben. Werfen Sie jedoch Ihre Bedenken über Bord und vertrauen Sie dem menschlichen Gehirn. Das, wie Sie ja mittlerweile wissen, mehr kann als Sie vermuten!

Leihen Sie sich ein Kartenspiel aus, damit klar ist, dass Sie es nicht präpariert haben. Es muss nicht einmal vollständig sein. Sowohl Sie als auch Ihr Mitspieler werden im Verlauf des Tricks die Karten mischen, Ihr Mitspieler wird sich ohne Zwang frei entscheiden können, und Ihre Vorhersage wird immer zutreffen!

➡ DIE METHODE

1. Leihen Sie sich ein Kartenspiel aus, um jegliche Manipulation von vornherein auszuschließen.

2. Ob vollständig oder nicht, spielt keine Rolle. Es gibt keine Einschränkungen.

3. Lassen Sie die Karten von Ihrem Gegenüber mischen.

4. Mischen Sie danach selbst noch einmal durch.

5. Schreiben Sie Ihre Vorhersage auf einen Zettel, den Ihr Gegenüber in seine Hosentasche steckt.

6. Bitten Sie ihn, eine Zahl zwischen 10 und 52 zu wählen, sie Ihnen aber nicht zu verraten.

7. Bitten Sie ihn, die entsprechende Anzahl an Karten abzuzählen, eine nach der anderen verdeckt auf den Tisch zu legen und die restlichen Karten mit einem kleinen Abstand daneben zu legen.

8. **Fragen Sie, welche Zahl er gewählt hat.** Erklären Sie, dass Sie sich versichern möchten, dass er sich nicht verzählt hat, und nehmen Sie die Karten auf, um nachzuzählen. Zählen Sie laut mit und legen Sie eine Karte nach der anderen zurück auf den Tisch.

9. **Sobald Schritt 8 abgeschlossen ist, sehen Sie Ihrem Gegenüber in die Augen und fragen, warum er sich für diese Zahl entschieden hat.** Hat sie eine bestimmte Bedeutung? Fühlte er sich beeinflusst? Sprechen Sie einen kurzen Moment.

10. **Erinnern Sie ihn daran, dass Sie eine Vorhersage getroffen haben, dass er die Karten selbst gemischt hat, dass er seine Zahl frei gewählt hat und dass er die Karten eigenhändig abgezählt hat.**

11. **Bitten Sie ihn, die oberste Karte seines Stapels umzudrehen (die Karte, die seiner Zahl entspricht).**

12. **Bitten Sie ihn, Ihre Vorhersage vorzulesen. Tada – es handelt sich um dieselbe Karte!**

➡ DER TRICK

Damit dieser Trick auch wirklich verblüfft, müssen wir unser Gegenüber ablenken und verwirren.

➡ **Schritt 4** dient dazu, heimlich einen Blick auf die oberste Karte im Stapel zu werfen, bevor Sie die Karten auf den Tisch legen und Ihre Vorhersage (den Wert der obersten Karte) auf den Zettel schreiben.

➡ **Schritt 8 revidiert Schritt 7.** Die oberste Karte (Ihre Vorhersage) liegt nach dem zweiten Zähldurchgang wieder oben.

➡ **Schritt 9** dient der Ablenkung. Sie richten die Aufmerksamkeit Ihres Gegenübers mit Ihren Fragen auf sich.

➡ **Die Pause nach Schritt 9 sorgt für Verwirrung.** Ihr Gegenüber weiß nicht mehr, was genau passiert ist – und in welcher Reihenfolge. Vor allem, wenn Sie ihm die ganze Zeit in die Augen sehen, während Sie sprechen.

➡ **Schritt 10 sorgt für zusätzliche Verwirrung.** Ihre Rekapitulation der einzelnen Schritte ist inhaltlich nicht falsch, aber durcheinander. Trotzdem glaubt man Ihnen. Sie haben soeben eine falsche Erinnerung gepflanzt.

 Hinter meinem scheinbar simplen Trick verbirgt sich ein komplexer Vorgang, der es Ihnen ermöglicht, eine Person nachhaltig zu verblüffen!

MOTIVIERTER
AUFSTEHEN

Nur noch fünf Minuten …! Diesen Ausspruch kennen Sie doch auch, oder? Wahrscheinlich von heute Morgen, als Sie mal wieder nicht aus dem Bett gekommen sind! Ganz ehrlich, das Aufstehen fällt niemandem leicht und wir alle fragen uns, wann der Tag wohl kommen wird, an dem wir voller Energie aufwachen und uns frohlockend in den Tag stürzen werden. Doch leider kommt er nie. Ein Grund mehr also, Ihr Aufwachritual von Grund auf neu zu gestalten! Ob Sie nun gerne weiterdösen oder unter Aufschieberitis leiden (wie ich, ungelogen!), hier einige Ratschläge, die sich jeden Tag aufs Neue für Tausende von Menschen bewährt haben, auch für mich.

▶ DAS AUFWACHEN

Wenn morgens der Wecker klingelt, fällt es schwer, sofort aufzustehen. Das würde ich Ihnen auch nicht raten, zumindest nicht im wörtlichen Sinne. Trotzdem sollten Sie Ihren Körper zumindest bewegen, zum Beispiel indem Sie sich im Bett aufrichten. Setzen Sie sich zunächst in einem 90-Grad-Winkel auf und öffnen Sie die Augen. Dieser Schritt ist der schwerste und er wird auch nicht einfacher, wenn Sie ihn fünf oder zehn Minuten vor sich herschieben. Sie sind dann höchstens spät dran. Also: Wenn der Wecker klingelt, setzen Sie sich auf.

▶ EINS NACH DEM ANDEREN

An harten Tagen möchte man sich am liebsten unter der Bettdecke verkriechen. Klar, die Aussichten auf einen Berg Arbeit sind nicht gerade verlockend und je mehr zu tun ist, desto weniger weiß man, wo man anfangen soll. Mein Tipp: Machen Sie eins nach dem anderen. Erstellen Sie am Vorabend eine To-do-Liste und schreiben Sie alles auf, was Sie am nächsten Tag erledigen müssen – nur nicht das Ergebnis! Wenn Sie zum Beispiel einen Hausputz planen, notieren Sie statt „Hausputz" lieber „Wäsche waschen", „Küche aufräumen", etc.
Das sind mitnichten Teilaufgaben, sondern richtige, eigenständige Aufgaben. Sie aufzuschreiben hilft Ihnen, sinnvoll in den Tag zu starten. Außerdem fühlt es sich gut an, eine Aufgabe erledigt zu haben, die man durchstreichen kann. Organisieren Sie sich also und erledigen Sie eins nach dem anderen.

➡ MACHEN SIE PAUSEN

Eine Pause zu machen, ist nichts Schlimmes. Hören Sie auf, wenn Sie keine Lust mehr haben. **Sagen Sie sich vor dem Aufstehen, dass Sie Ihr Bestes geben werden, und nehmen Sie sich vor, eine ordentliche Pause einzulegen, wenn Sie merken, dass Ihre Leistungskurve sinkt.** Oder quälen Sie sich weiter lustlos ab – was übrigens die beste Methode ist, um die Arbeit von einer Stunde auf drei auszudehnen. Entscheiden Sie sich also bewusst für eine Pause und legen Sie gleich fest, wie lange sie dauern soll.

➡ DIE DEADLINE

Deadlines sind das Nonplusultra, werden jedoch immer wieder gerne vernachlässigt. Dabei sind Sie Ihre persönliche Challenge, Ihr Coach, Ihre Motivation zum Aufstehen! Ihr „letztmöglicher Termin". Als ich begonnen habe, an diesem Buch zu arbeiten, (das war im November 2016), habe ich meine Lektorin (Hi, Aurélie!) nach dem Zeitplan gefragt und mir noch am selben Tag eine persönliche Deadline gesetzt, bis zu der ich die Vorarbeit abgeschlossen haben wollte, eine zweite für die erste Fassung und eine dritte, um das Manuskript abzugeben. Diese drei Deadlines haben mir dabei geholfen, den Überblick zu behalten und motiviert in den Tag zu starten, denn mit jedem Tag rückt die nächste Deadline unweigerlich näher. **Ich empfehle Ihnen daher, noch im Bett Ihre To-do-Liste durchzugehen und alle Punkte aufzuschreiben, die Ihnen durch den Kopf geistern. Setzen Sie sich Deadlines und legen Sie Ihre Prioritäten für den Tag fest.** Noch einmal: Das Aufstehen wird Ihnen umso leichter fallen.

Nun müssen Sie sich nur noch strecken, aufstehen, frühstücken, sich waschen, anziehen – und danach Ihr Handy einschalten. Ich bestehe auf das Wort „danach", da Sie erst dann in den Tag starten sollten, wenn Sie die vorherigen Schritte erledigt haben. Ihre Morgenroutine gehört Ihnen, gönnen Sie sich diese halbe Stunde.

MERKEN SIE SICH EIN KARTENSPIEL

EINFACHE VERSION

Achtung, Achtung! Nach den folgenden Seiten werden Sie sich ein komplettes Kartenspiel merken können. Genauer gesagt, werden Sie alle roten und schwarzen Kartenfolgen abgespeichert haben. Diese Aufgabe ist eine hervorragende Übung, um Ihre Merkfähigkeit zu schulen, das Gehirn zu trainieren und sich selbst herauszufordern.

Für dieses Merkspiel werden wir mit unserem Gedächtnispalast (siehe Seite 13) arbeiten und uns einen Bildercode überlegen.

Wie wir wissen, besteht ein Kartenspiel aus roten Karten (Herz und Karo) und schwarzen (Pik und Kreuz). Wenn wir uns nun jede Karte einzeln merken wollten, wären das 52 Bilder! Das ist viel zu kompliziert! Ich schlage daher vor, dass wir uns die Karten in Dreierpaaren merken. Und schwupps, sind es statt 52 nur noch 18 Bilder!

Sie können sich die Dreierpaare ganz leicht merken, indem Sie folgenden Code mit einem mnemotechnischen Prinzip verknüpfen. Konzentrieren Sie sich hierfür immer auf die Position der schwarzen Karten, denn wenn wir drei Karten aus einem Spiel nehmen, erhalten wir zwangsläufig eine dieser acht Kombinationen:

Rot Rot **Schwarz**
Rot **Schwarz** Rot
Schwarz Rot Rot
Schwarz Rot **Schwarz**
Schwarz Schwarz Rot
Rot **Schwarz Schwarz**
Schwarz Schwarz Schwarz
Rot Rot Rot

Verknüpfen Sie jede Kartenkombination mit einem einfachen Bild. Konzentrieren Sie sich wie gesagt auf die Position der schwarzen Karten und arbeiten Sie mit dem mnemotechnischen Prinzip der Visualisierung (die fetten Buchstaben werden Ihnen dabei helfen, sich die einzelnen Bilder leichter zu merken).

Rot Rot **Schwarz**	Schwarz ist Rechts	Wir denken an Ron Weasley
Rot **Schwarz** Rot	Schwarz ist in der Mitte.	Wir denken an Mikey Mouse
Schwarz Rot Rot	Schwarz ist Links.	Wir denken an Lucky Luke
Schwarz Rot **Schwarz**	Schwarz Umschließt Rot	Wir denken an Urmel aus dem Eis
Schwarz Schwarz Rot	Schwarz ist Links Links	Wir denken an Prinzessin LiLLifee.
Rot **Schwarz Schwarz**	Schwarz ist Rechts Rechts	Wir denken an Rennschwein Rudi Rüssel
Schwarz Schwarz Schwarz	Schwarz ist Überall	Wir denken an die SchlÜmpfe
Rot Rot Rot	Schwarz ist Nirgendwo	Wir denken an Nemo

Und schon haben wir alles, was wir brauchen.

Weiter geht's! Schaffen Sie noch ein bisschen mehr Platz in Ihrem Oberstübchen, indem Sie sich gleich 3 Bilder in Form einer animierten Szene merken, also 9 Karten. Ist das nicht unglaublich? Statt 52 Karten müssen Sie sich nur 6 Szenen merken! Wie kann das denn sein? Na, dank Ihres Gedächtnispalastes!

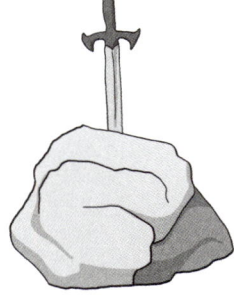

➡️ **1.** Mischen
Sie ein Kartenspiel und legen Sie den Stapel verdeckt auf den Tisch.

➡️ **2.** Decken Sie die ersten neun Karten auf und legen Sie sie in Dreierpaaren aus.

➡️ **3.** Codieren Sie die drei Sequenzen mit Ihren Bildern.

➡ **4.** Gehen Sie zum ersten Spot Ihres Gedächtnispalasts und überlegen Sie sich eine animierte Szene (in der richtigen Reihenfolge der Bilder).

➡ **5.** Machen Sie weiter mit Schritt 2, bis alle Karten aufgedeckt sind.

BEISPIEL

Ich decke die Sequenz auf.

Ich codiere sie in Bilder.

Ich gehe zum ersten Spot meines Gedächtnispalastes: meiner Zimmertür.

Ich stelle mir vor, wie Ron Weasley mein Zimmer betritt, mit seinem Zauberstab erst Mickey herbeizaubert (der als Zweiter erscheint) und dann Rennschwein Rudi Rüssel (der als Dritter mein Zimmer betritt).

Ihr Gehirn wird nur wenige Sekunden benötigen, um die animierte Szene als Erinnerung an der Stelle Ihres Gedächtnispalastes abzulegen, die Sie definiert haben. Wenn Sie sich zu einem bestimmten Zeitpunkt an die Reihenfolge Ihrer Karten erinnern möchten, müssen Sie gedanklich nur zum ersten Spot zurück und die animierte Szene mit Ihren Karten zurückverknüpfen.

Beispiel: Ich erinnere mich an die Sequenz, indem ich zum ersten Spot meines Gedächtnispalasts gehe und mir vorstelle, wie Ron Weasley das Zimmer betritt (ich sage also Rot Rot Schwarz) und mit seinem Zauberstab erst Mickey herbeizaubert (ich sage Rot Schwarz Rot) und dann Rennschwein Rudi Rüssel (ich sage Rot Schwarz Schwarz).

WICHTIG:

1. Achten Sie darauf, die Karten beim Lernen nicht zu verwechseln, sonst können Sie oder andere nicht mehr nachvollziehen, ob Sie sich alles richtig gemerkt haben.

2. Achten Sie darauf, Ihre animierten Szenen nicht nur sinnvoll abzuspeichern, sondern auch in der Reihenfolge, in der die Sequenzen ausgelegt wurden, sonst können Sie nicht mehr nachvollziehen, wann welche Karte abgehoben wurde.

3. Die Methode mag relativ komplex erscheinen, lässt sich jedoch sehr einfach umsetzen. Alle, denen ich sie beigebracht habe, waren nach einer Stunde in der Lage, Bilder, Szenen und Sequenzen problemlos abzurufen (manche haben in diesem Zuge sogar zum ersten Mal einen Gedächtnispalast kreiert!). Vertrauen Sie Ihrem Gehirn, es liebt diese Art von Verknüpfungen. Wenn Sie die Methode erst einmal verinnerlicht haben, werden Sie sich das komplette Kartenset in drei bis fünf Minuten merken können. Und nur keine falsche Bescheidenheit, zeigen Sie Ihren Freunden ruhig, was Sie können!

DIE GROSSE FRAGE:

Immer wieder höre ich folgende Frage: „Was soll ich tun, wenn ich mir nur eine Karte merken muss, oder zwei?" Die Antwort ist einfach: Vervollständigen Sie die Sequenz im Kopf. Ich persönlich fülle immer mit schwarzen Karten auf. Wenn ich mir nur eine rote Karte merken muss, denke ich immer an Rudi Rüssel, Rot Schwarz Schwarz. Dieser Tipp hilft zum Beispiel bei der 52. Karte.

ZIEHEN SIE
DIE FÜNFTE WURZEL IM KOPF

Da wären wir wieder! Sie haben gelernt, wie man im Kopf eine zweistellige Quadratwurzel und ein Kubikwurzel zieht und bekommen einfach nicht genug? Okay, dann treten Sie nun hinter den Spiegel und lassen sich vom weißen Kaninchen erklären, wie man eine zweistellige 5. Wurzel ermittelt! Die Methode ist übrigens wie versprochen noch einfacher als die davor. Das ist ja das Lustige an der Mathematik – die Rechnungen, die am meisten beeindrucken, sind nicht zwangsläufig die kompliziertesten.

Um diese Aufgabe mit Bravour zu lösen, empfehle ich Ihnen, die gerundete Tabelle auswendig zu lernen oder zumindest abzuschreiben. Im Vergleich zu den vorherigen Tabellen müssen Sie sich dieses Mal nur 8 gerundete Zahlen merken (die „0" und „1" zählen nicht) statt genauer Werte, was die Sache deutlich vereinfacht.

0	0
1	1
2	30
3	250
4	1 000
5	3 000
6	8 000
7	17 000
8	32 000
9	60 000

Um die Methode nachzuvollziehen, ermitteln wir eine zweistellige 5. Wurzel, **zum Beispiel aus 5 153 632.**

➡ 1. DIE EINERSTELLE

Das ist so einfach, dass es mir fast schon peinlich ist, hier von einer Methode zu sprechen, aber wenn Sie sich die Einerstelle Ihrer Zahl betrachten, haben Sie auch schon die Einerstelle Ihrer 5. Wurzel ermittelt. Es ist nämlich dieselbe Zahl!

In unserem Beispiel verweist folglich die „**2**" von 5 153 632 direkt auf die Einerstelle unserer Wurzel: die „**2**".

➡ 2. DIE ZEHNERSTELLE

Betrachten Sie nun die Ziffern links der Zehntausenderstelle der Zahl, deren 5. Wurzel Sie ziehen möchten. Anders formuliert, blenden Sie die fünf rechten Zahlen aus und konzentrieren Sie sich auf die übrigen Ziffern (es können eine, zwei oder drei sein). In unserem Beispiel sind es zwei: **5 1**53 632. Die Ziffern links von der Zehntausenderstelle bilden also die Zahl „**51**".

Integrieren Sie diese Zahl nun gedanklich in Ihre Tabelle, indem Sie sie der niedrigeren gerundeten Zahl zuordnen. In unserem Beispiel der „30".

0	0
1	1
2	30

51

3	250

Die „30" in der Tabelle verweist auf die „2"– und schon hätten wir unsere Zehnerstelle: die „**2**".

➡ **Die 5. Wurzel aus 5 153 632 ist folglich 22.**

Haben Sie die Tabelle mit den gerundeten Zahlen auswendig gelernt? Dann müssten Sie jetzt 5. Wurzeln so dermaßen schnell ziehen können, dass selbst eine Stoppuhr versagen würde! Genial, oder?

Ach, was soll's ... die beiden lösen wir auch noch schnell:

714 924 299
714 924 29**9**, also ist die Einerstelle:..
714 924 299, also ist die Zehnerstelle..
714 924 299, also ist die 5. Wurzel:..

147 008 443
147 008 44**3**, also ist die Einerstelle: ....
147 008 443, also ist die Zehnerstelle: ....
147 008 443, also ist die 5. Wurzel: ....

Fertig! Sie können nun locker Quadratwurzeln, Kubikwurzeln und 5. Wurzeln ziehen. Ich bin stolz auf Sie! Und da Sie meine Methoden anscheinend verstanden haben, kann Sie nichts mehr davon abhalten, sie auch anderen beizubringen, oder?

BONUS – ZUR ÜBUNG:

Auch in diesem Fall können (und sollten) Sie Ihre Rechenkünste demonstrieren! Bitten Sie einen Ihrer Freunde, den Taschenrechner auf seinem Handy zu öffnen und sich eine zweistellige Zahl zu überlegen (und sie sich zu merken. Ich sag's ja nur ...). Bitten Sie ihn nun, die Zahl mit sich selbst zu multiplizieren (um die Quadratzahl zu ermitteln), das Ergebnis erneut mit der Ausgangszahl zu multiplizieren (um die Kubikzahl zu ermitteln) und noch einmal (für die 4. Potenz) und noch einmal (für die 5. Potenz). Lassen Sie sich das Ergebnis zeigen und spucken Sie sofort die Ausgangszahl aus (die 5. Wurzel).

DIE GEHEIME
SEITE

Wie wäre es mit einer Reise ins Unbekannte? Einer buchübergreifenden Erfahrung? Geben Sie's zu, Sie haben keine Ahnung, worauf ich hinaus will, aber Ihr Interesse ist geweckt. Typisch Gehirn. Es stürzt sich auf jeden noch so kleinen Leckerbissen, um zu wachsen und zu gedeihen! Na, greifen Sie schon zu und nehmen Sie sich ein Stück von meiner klugen Torte, die ich für Sie vorbereitet habe.

1. Stellen Sie sich vor, ich halte eine Keksdose mit vielen Münzen in der Hand. Sie ist randvoll. Aber freuen Sie sich nicht zu früh, es handelt sich ausnahmslos um 10-Cent-Stücke.

2. Nehmen Sie einige Münzen in die Hand. Nur zu! Trauen Sie sich! Tauchen Sie Ihre Hand in die Dose und nehmen Sie sich ein paar Münzen heraus. Drei oder vier vielleicht, oder gleich ein Dutzend.

3. Zählen Sie nun in Gedanken die Münzen (tut mir leid, meine Währung ist immer immateriell) und rechnen Sie die Summe aus, die Sie in der Hand halten.

 Beispiel: Wenn Sie drei Münzen haben, besitzen Sie 30 Cent.

4. Und jetzt wird gerechnet! Ziehen Sie von der Summe die Anzahl an Münzen ab, die Sie haben.

Beispiel: Wenn Sie drei Münzen haben, ziehen Sie diese von den 30 Cent ab: „30 – 3 = 27".

➡️ **5.** Betreiben Sie nun ein wenig Zahlenmystik, indem Sie das Ergebnis auf die Quersumme reduzieren.

> Beispiel:
>
> Wenn Ihr Ergebnis 42 lautet, rechnen Sie 4 + 2 = 6
>
> Wenn Ihr Ergebnis 121 lautet, rechnen Sie 1 + 2 + 1 = 4
>
> Wenn Ihr Ergebnis 79 lautet, rechnen Sie 7 + 9 = 16 und dann 1 + 6 = 7

➡️ **6.** Merken Sie sich das Ergebnis gut, schließlich geht es hier um nicht weniger als einige Cent! Und vergessen Sie nicht, dass ich auch noch da bin!

SCHLAGEN SIE DAS BUCH NUN AUF DER ENTSPRECHENDEN SEITE AUF UND KEHREN SIE WIEDER ZURÜCK

Der Trick:

Sie ahnen es wahrscheinlich schon. Hinter diesem Trick versteckt sich eine mathematische Formel, die nur ein Ergebnis kennt, und zwar die 9! Probieren Sie diesen Trick an Ihren Freunden aus, indem Sie ihnen dieses Buch in die Hand drücken, die ersten fünf Schritte mit ihnen durchgehen und Sie das Buch auf der entsprechenden Seite aufschlagen lassen.

Das Geniale an diesem Trick ist, dass Sie keinerlei Zubehör benötigen, nichts falsch machen und ihn überall ausführen können!

DURCHSCHAUEN SIE
EINE LÜGE

Leider gibt es keine magische Formel, um herauszufinden, ob jemand lügt. Allerdings lassen bestimmte Zeichen oder Verhaltensweisen Rückschlüsse auf mögliche Lügen zu. Es gibt hierzu keine exakten wissenschaftlichen Ergebnisse, aber die folgenden vier Punkte dieses Kapitels basieren auf allgemein anerkannten Wahrheiten. Denken Sie aber immer daran, dass keiner dieser Punkte mit 100-prozentiger Sicherheit auf eine Lüge hinweisen muss.

➡ 1. DER STARRE BLICK

Es wird immer wieder behauptet, dass Menschen beim Lügen dem Blick Ihres Gegenübers ausweichen. Das ist jedoch selten der Fall. In normalen Gesprächen weichen wir oft den Blicken anderer aus, während Lügner Sie mit ihren Blicken fixieren, um sicherzugehen, dass Sie ihre Lüge schlucken (es sei denn, sie schämen sich sehr dabei). Lügner sehen ihren Zuhörern eher in die Augen, weil sie sehen möchten, wie sie reagieren. Sollte dies nicht der Fall sein, könnten Sie die Mikroexpression Angst oder Anzeichen von Scham vor einer möglichen Lüge warnen.

➡ 2. CHRONOLOGISCHES ERZÄHLEN

Es ist nicht leicht, eine Anekdote, eine Erinnerung oder schlicht und ergreifend einen Tagesablauf rückwärts zu erzählen. Einen Ablauf im Kopf umzukehren, erfordert fast schon gymnastisches Geschick. Sollten Sie also an der wahrheitsgetreuen Widergabe einer Geschichte zweifeln, dann bringen Sie die Person dazu, sie rückwärts zu erzählen, indem Sie geschickt Fragen einstreuen, wie „Und was hast du davor gemacht? Du warst wo? Ach so … und davor?". Eine erfundene Geschichte flüssig rückwärts erzählen zu können, ist schwierig und zeugt von der Ehrlichkeit einer Person.

➡ 3. DISTANZIERUNG

Wer lügt, weiß auch, dass er lügt. Und wer sich dafür schämt, wird versuchen, auf Distanz zu gehen. Ein berühmtes Beispiel hierfür ist die Lewinsky-Affäre, die Paul Ekman gerne aufgreift. Bill Clinton sagte nicht, dass er „keinen Geschlechtsverkehr mit Miss Lewinsky" hatte, sondern „Ich hatte keinen Geschlechtsverkehr mit dieser Frau,

Miss Lewinsky", um sich so weit wie möglich von ihr zu distanzieren. Das heißt zwar nicht, dass jemand ganz sicher lügt, aber es ist ziemlich wahrscheinlich.

➡ 4. ZU VIELE DETAILS

Kommen wir nun zu einem sehr widersprüchlichen Zeichen. Wissenschaftliche Studien belegen, dass Detailreichtum auf wahrhaftes Erzählen hinweist, da es zu aufwändig sei, eine Lüge mit vielen Details auszuschmücken. Meine Erfahrung hat mir jedoch das Gegenteil bewiesen. Ich hatte schon mit einigen ausgemachten Lügnern zu tun, mit Menschen also, die gewohnheitsmäßig lügen und genau deswegen Zweifel in mir weckten, weil Sie über die gesamte Konversation verteilt viel mehr Details lieferten als nötig. Meines Erachtens lohnt es sich, diesen Punkt hier aufzuführen, auch wenn meine Einschätzung auf meinen eigenen Erfahrungen und nicht auf wissenschaftlichen Erkenntnissen beruht.

Ich hoffe, dass diese vier Punkte Ihnen und mir dabei helfen werden, Lügen in Zukunft besser zu durchschauen. Verurteilen Sie niemanden, der Sie eventuell belügt. Lügen sind wie Rädchen im sozialen Getriebe. Außerdem lügen Sie ja auch manchmal, und ob klein, mittel oder groß, Lügen sind immer relativ. Wie sagte Dr. House so schön: „Jeder Mensch lügt." Versuchen Sie doch einmal, sieben Tage lang so ehrlich wie möglich zu sein, ganz sicher werden Sie danach die Lügen, die Ihnen bei anderen auffallen, anders bewerten.

PIMPEN SIE
IHRE KREATIVITÄT

Kreativität muss keine Zukunftsmusik mehr sein! Legen Sie einfach los und reisen Sie beherzt durch die Zeit, auch ohne Michael J. Fox' legendären Flügeltürer. Der Weg mag mitunter steinig sein, doch zum Glück habe ich einige Ratschläge für Sie vorbereitet, mit denen Sie den kreativen Regionen Ihres Gehirns ordentlich einheizen können.

1. ÄNDERN SIE IHREN BLICKWINKEL

Ob Sie nun an einem Text sitzen, an einem Film arbeiten, ein Architekturprojekt umsetzen, Ihr Haus umgestalten oder ein Marketingkonzept entwickeln: **Zwingen Sie sich, Ihr Projekt wie durch eine Kamera zu betrachten.** Wenn Sie das nicht machen, riskieren Sie einen Tunnelblick. Ändern Sie Ihren Standpunkt, stellen Sie sich Fragen. Und zwar die, die andere auch stellen würden.
Stellen Sie sich zum Beispiel vor, Sie müssten eine Rede vorbereiten.
Wahrscheinlich würden Sie sich auf zwei Aspekte konzentrieren: auf die Botschaft und Ihre Wirkung auf das Publikum. Richten Sie die Kamera stattdessen auf Ihre Zuhörer aus. In welcher Verfassung sind sie, wenn Sie Ihre Rede halten? Wie spät ist es? Wie würden Sie sich als Zuhörer um diese Zeit fühlen? Was ist mit dem Ort? Wofür wurde er konzipiert? Für Konzerte? Falls ja, könnten Sie entsprechendes Vokabular in Ihre Rede einfließen oder sich von einem Pianisten begleiten lassen, der Ihre Worte und Gesten unterstreicht. Was wäre, wenn die Kamera in Ihre Rede hineinzoomen könnte? Oder in Ihr Thema?

2. SCHREIBEN SIE ALLE IDEEN AUF

Eine Idee ist nicht einfach eine Idee. Sie ist wertvoll. Jede einzelne. Heute bringt sie Sie vielleicht nicht weiter, entzündet aber morgen ein kreatives Feuerwerk. Schreiben Sie ohne zu hinterfragen alle Ideen auf, die Ihnen durch den Kopf schießen, und zwar sofort. Warten Sie nicht. Ideen sind flüchtig, sie können sich im nächsten Moment verlieren und nie wiederkehren. **NOTIEREN SIE ALLES.**

➡ 3. KREIEREN SIE, WAS IHNEN GEFÄLLT

Stellen Sie sich immer vor, dass Sie der Nutznießer Ihrer kreativen Leistungen sind. Was fehlt IHRER MEINUNG nach in der Welt? **Versuchen Sie nicht, zu gefallen oder gar zu beeinflussen.** Wenn Sie etwas kreieren, das etwas in Ihnen zum Schwingen bringt, wird sich der Effekt auch auf andere übertragen.

➡ 4. GEBEN SIE ERSTEN ENTWÜRFEN DEN NÖTIGEN RAUM

Perfektionismus, der dazu führt, dass Sie zu hart mit sich ins Gericht gehen, **ist Ihr schlimmster Feind.** Lassen Sie Schwächen einfach zu. Sie möchten einen Roman schreiben? Dann schreiben Sie ihn in einem Rutsch! Lesen Sie nicht quer und überfliegen oder überarbeiten Sie nichts, was Sie geschrieben haben. Machen Sie das erst, wenn der erste Entwurf steht, dann aber so lange, wie Sie möchten. Für alle kreativen Projekte gilt: Bezwingen Sie Ihre Angst vor dem leeren Blatt und legen Sie los, ohne sich zu hinterfragen. Es ist immer einfacher, etwas zu verbessern, das schon da ist, als etwas zu perfektionieren, das noch gar nicht existiert.

➡ 5. VERLASSEN SIE IHRE KOMFORTZONE

Ihre Kreativität nährt sich von dem, was Sie ihr zuführen. Beschreiten Sie neue Wege, öffnen Sie Türen, stellen Sie Verbindungen her. Sport interessiert Sie nicht? Dann gehen Sie ins Stadion und schauen Sie sich ein Spiel an! Mögen Sie Laufsportarten? Dann beschäftigen Sie sich mit Motorsport. Sie lieben das Theater? Dann gehen Sie ins Ballett. Kurz gesagt, gehen Sie überall hin, wo Sie sonst nie hingehen würden, und lassen Sie sich von allen neuen Eindrücken inspirieren.

MERKEN SIE SICH ALLE
UNREGELMÄSSIGEN ENGLISCHEN VERBEN

Die englische Sprache umfasst circa 200 unregelmäßige Verben. Unglaublich, oder? Und ganz ehrlich, die Engländer kennen sie auch nicht alle.

Unregelmäßige Verben weichen bei der Bildung des Präteritums und des Partizip Perfekts von der üblichen Regel Infinitiv + -ed ab.

➡ 1. Finden Sie alle Verben, die in allen drei Zeitformen gleich sind.

BEISPIEL: Lassen: Let – Let – Let

Diese Verben sind am leichtesten. Wenn Sie sie als Erstes lernen, werden Sie das Gefühl haben, gleich viel abgearbeitet zu haben.

➡ 2. Teilen Sie die restlichen Verben in Gruppen ein und überlegen Sie sich eine Logik, nach der Sie sortieren. Sie können zum Beispiel alle Verben einer Gruppe zuordnen, die im Infinitiv und Partizip Perfekt gleich sind. Auf diese Weise müssen Sie nur das Verb, seine Bedeutung und die Präteritumsform lernen, und sparen quasi eine Zeitform.

BEISPIEL: Als ich die Liste gelernt habe, habe ich zuerst eine Gruppe gebildet, in der alle Verben im Infinitiv und Präteritum die gleiche Form hatten. Aber wie gesagt, überlegen Sie sich Ihre eigene Logik und sortieren Sie die Verben nach Ihrem Geschmack.

➡ 3. Lernen Sie in Einheiten. Prägen Sie sich erst 10 Verben ein, und wenn Sie sie beherrschen die nächsten 10, etc. Verteilen Sie Ihre Lerneinheiten über mehrere Wochen.

➡ 4. Visualisieren Sie das Gelernte. Sie wissen ja, Ihr Gehirn liebt es, alle Bereiche zu aktivieren! Stellen Sie sich vor, wofür das Verb steht, das Sie lernen. Wenn Sie zum Beispiel das Verb „to bet" (wetten) lernen, dann stellen Sie sich vor, wie jemand auf ein Pferd setzt und sprechen das Verb gleichzeitig aus.

➡ 5. Verankern Sie dieses Bild mit einem mnemotechnischen Prinzip. Auf diese Weise prägen Sie sich alle Daten unauslöschlich ein.

> BEISPIEL: Wenn ich das Verb „to sing" lernen möchte, stelle ich mir drei Chinesen vor, die mir ein Ständchen singen und SING, SANG, SUNG heißen, was den drei Verbformen SING/SANG/SUNG entspricht.

➡ 6. Drucken Sie alle Gruppen aus, die Sie in Schritt 2 gebildet haben, schneiden Sie sie zurecht und verteilen Sie die Zettel in der Wohnung, im Auto, in Ihren Taschen, im Geldbeutel, etc.

Nutzen Sie jeden Moment zum Lernen, der sonst vergeudet wäre: wenn Sie mit öffentlichen Verkehrsmitteln fahren, irgendwo warten, auf Toilette sind – ganz egal! Lesen Sie die Listen immer wieder, bei jeder Gelegenheit. Auf diese Weise lernen Sie, ohne zusätzliche Zeit zum Lernen einplanen zu müssen.

SCHON IN WENIGEN WOCHEN WERDEN SIE DIE WICHTIGSTEN 50–70 UNREGELMÄSSIGEN VERBEN KENNEN.

EASY!

ANDERS RECHNEN
TEIL 2

In diesem Kapitel werde ich Sie darum bitten, Ihre Art des Addierens zu überdenken. Ich muss Sie allerdings warnen: es wird einfach und schwierig zugleich.

Die Methode an sich ist so einfach und logisch, dass Sie sich rein gar nichts merken müssen. Sehr viel schwieriger wird es sein, Ihre Denkweise zu ändern, weil Sie einen Reflex überwinden und verlernen müssen, um neu zu lernen. Das ist genauso schwierig als würde ich von Ihnen verlangen, mit überkreuzten Händen Ihre Schuhe zu binden.

Sie werden jedoch sehr schnell feststellen, dass meine Methode ziemlich genial ist. Auf jeden Fall hat sie meine Art des Kopfrechnens von Grund auf revolutioniert.

➡ BISHER

Nehmen wir an, ich würde Sie bitten, folgende Zahlen zu addieren:

$$\begin{array}{r} 132 \\ + 157 \\ + 593 \end{array}$$

Sie würden mit der Einerstelle beginnen, 2 + 7 + 3, eine „2" unter die Spalte schreiben und eine „1" in die Zehnerstelle übertragen. Dann würden Sie die Zehnerstelle addieren, 3 + 5 + 9, den Übertrag „1" dazurechnen, eine „8" unter die Spalte setzen und eine „1" in die Hunderterstelle übertragen. Schließlich würden Sie die Hunderterstelle addieren, 1 + 1 + 5, den Übertrag „1" dazurechnen und eine „8" unter die Spalte setzen. **Ihr Ergebnis würde lauten: 882. Sie haben von rechts nach links gerechnet!**

➡ AB HEUTE

Was wäre, wenn ich Ihnen beibringen würde, von links nach rechts zu rechnen? Keine Angst, Sie schaffen das. Ihr Gehirn kann mehr als Sie vermuten! Außerdem sprechen drei Gründe dafür:

➡ Es rechnet sich leichter im Kopf
➡ Ihre Ergebnisse sind zu 100 % richtig
➡ Sie müssen keine Zahlen mehr übertragen (Fehlerquelle)

➡ DIE METHODE

Wir bleiben bei unserem Beispiel:

>   132
> + 157
> + 593

1. Beginnen Sie mit der Zahl links oben, der „1", und addieren Sie die Hunderterstellen von oben nach unten.

>   132
> + 157
> + 593

Sie rechnen im Kopf erst „1", dann „2", dann „7", sprich addieren bei jedem Schritt die Zahlen. Wenn Sie mit der Spalte fertig sind, nehmen Sie die oberste Zahl der nächsten Spalte und „kleben" sie neben die Zahl, die Sie sich gemerkt haben.
Da Sie sich „7" gemerkt haben und die oberste Zahl der Zehnerstelle eine „3" ist, merken Sie sich „73".

2. Gehen Sie von oben nach unten durch die Zehnerspalte und addieren Sie erneut die Zahlen.

>   132
> + 157
> + 593

Sie rechnen im Kopf „73", dann „78", dann „87"*, addieren bei jedem Schritt die Zahlen und nehmen am Ende der Spalte erneut die oberste Zahl der nächsten Spalte und „kleben" Sie sie neben die Zahl, die Sie sich gemerkt haben.
Da Sie sich die „87" gemerkt haben und die oberste Zahl der Einerstelle eine „2" ist, merken Sie sich „872".

3. Gehen Sie von oben nach unten durch die Einerspalte und addieren Sie erneut die Zahlen.

>   132
> + 157
> + 593

Sie rechnen im Kopf „872", dann „879", dann „882" – und haben das Ergebnis!

* Ist Ihnen aufgefallen, dass die Methode den Spaltenwechsel verbindet? Fehler sind ausgeschlossen und Überträge somit Geschichte!

TIPP: Wenn Sie Zahlen mit unterschiedlich vielen Stellen addieren müssen, dann fangen Sie immer mit der Zahl an, die am weitesten links steht.

BEISPIEL:

$$1998$$
$$+ 121$$
$$+ 35$$
$$+ 1982$$
$$+ 19$$

In einem solchen Fall stellen Sie sich die Reihe wie folgt vor:

$$1998$$
$$+ 0121$$
$$+ 0035$$
$$+ 1982$$
$$+ 0019$$

WIE SIE SEHEN,
IST DIE METHODE SEHR LEICHT ZU
VERSTEHEN.
SIE MÜSSEN SIE NUR ANWENDEN.
UND WERDEN ES GARANTIERT NICHT
BEREUEN!

ERRATEN SIE
EINEN VORNAMEN

Die folgende Methode basiert auf der Methode von Seite 42, die ich Ihnen beigebracht habe, als es darum ging, zu erraten, an welchen Film eine Person denkt. Heute werden wir allerdings erraten, an welchen Namen jemand denkt. Betrachten Sie dieses Kapitel als eine Art Einführung, einen ersten Schritt. Die Methode ist zwar sehr einfach, aber auch sehr effektiv. Sobald Sie sie beherrschen, sollten wir allerdings zu einer Methode wechseln, die schwieriger ist, komplexer – und riskanter! In einem zweiten Band vielleicht?

 **1.** Stellen Sie sich vor, Sie verbringen den Abend bei Freunden, es sind rund zwanzig Personen eingeladen, und Sie haben eine davon gebeten, mitzuspielen. Bitten Sie sie, sich vor Sie zu stellen, die Augen zu schließen, Ihnen zu vertrauen und, ganz wichtig: Erklären Sie, dass alles auf einer mentalen Ebene ablaufen wird.

2. Bitten Sie sie nun, an den Namen einer der anwesenden Personen zu denken. Auf diese Weise schränken Sie ihre Auswahlmöglichkeiten ein und kennen bereits alle Namen, an die sie denken könnte.

3. Fordern Sie sie zu einem Gedankenspiel heraus, bei dem sie ihre Augen geschlossen hält und sich vorstellt, im Schlamm zu waten – und zwar in jeder Menge Schlamm!

„Stell dir vor, du watest knietief im Schlamm und kommst kaum vorwärts. Du musst gegen den Schlamm ankämpfen … Versetze dich in die Situation, spüre den Schlamm an deiner Haut, sieh nach unten und betrachte deine Beine, die sich vorankämpfen …

4. Geben Sie nun eine letzte Anweisung (eine, die Ihnen später eine wichtige Information liefern wird).

„Ich werde dir nun langsam alle Buchstaben des Alphabets aufsagen, einen nach dem anderen. Betrachte dabei weiter deine Beine, die sich durch den Schlamm kämpfen. Doch sobald ich den ersten Buchstaben des Namens sage, an den du denkst, wirst du dir eine hohe Leiter vorstellen, die direkt vor dir aus dem Schlamm schnellt, und zwar plötzlich, in Sekundenbruchteilen. Sieh an der Leiter hoch und stelle dir ganz oben die Person vor, an die du denkst."

Sagen Sie nun langsam das Alphabet auf. Die Person wird während dieser Zeit nach unten sehen, was Sie deutlich an der fixen Position der Augen durch die Augenlider erkennen können. Doch in dem Moment, in dem die Person die Leiter aus dem Schlamm schnellen sieht, werden die Augen ihrerseits nach oben schnellen – und Ihnen somit den ersten Buchstaben verraten.

Eventuell kennen Sie bereits den Namen (gesetzt den Fall, dass nur einer der Namen mit diesem Buchstaben beginnt), doch falls nicht, sagen Sie das Alphabet einfach weiter auf und lassen die Person die Leiter anschließend wieder hinunterklettern, um den zweiten (oder letzten) Buchstaben herauszufinden. Oder Sie gehen aufs Ganze und raten!

DIES IST DIE PERFEKTE MISCHUNG AUS
BEOBACHTUNG,
ABLEITUNG
UND SCHLUSSFLOGERUNG!

DIE KUNST
DER DEDUKTION

Der englische Ausdruck „Cold Reading", zu Deutsch „kalte Deutung", bezeichnet die Kunst der Deduktion. Wenn Sie eine Person betrachten, scannen Sie sie nach möglichst vielen aussagekräftigen Details, um möglichst viele Schlussfolgerungen anstellen zu können. Diese mögen zwar der Wahrheit nur mehr oder weniger nahe kommen, doch sollten sie immer logisch und nachvollziehbar sein. Die wohl berühmteste Figur, die auf dem Gebiet der Deduktion wahre Wunder vollbracht hat, ist Sherlock Holmes (an ihm führt kein Weg vorbei, weshalb ich Ihnen dringend ans Herz lege, seine äußerst inspirierenden Abenteuer zu lesen). Eine weitere fiktive Person, die in dieser Kunst bestens bewandert ist, ist Dr. Gregory House.

Ziel des Cold Reading ist es, herauszufinden,
➜ wer die Person ist
➜ woher sie kommt
➜ in welcher seelischen Verfassung sie ist
➜ was sie persönlich kennzeichnet
➜ wohin sie geht, was ihre Ziele sind, etc.
Diese Kunst setzt eine gute Allgemeinbildung und große Neugierde voraus.

BEISPIEL: Wenn Sie das Geburtsdatum einer Person auf einem Ausweis sehen, erhalten Sie eine sachdienliche Information, mit der Sie unmittelbar auf ihr Alter schließen und Ihre Baseline füttern können (siehe Seite 34). Aber können Sie auch noch anderes aus dieser Information schließen? Ja, und zwar ihr Sternzeichen! Hierfür sollten Sie sich jedoch sowohl in der klassischen als auch in der chinesischen Astrologie auskennen.

Keine Angst, Sie müssen ab jetzt nicht jede Enzyklopädie aufsaugen wie ein Schwamm. Seien Sie einfach neugierig und vielseitig interessiert. Fragen Sie, wenn Sie etwas nicht verstehen, seien Sie proaktiv, geben Sie zu, wenn Sie etwas nicht wissen. Nur so lernen Sie dazu.

⬤ VORGEHENSWEISE

Es liegt an Ihnen, den ersten Schritt zu wagen! Warten Sie nicht darauf, dass Ihnen jemand hilft, legen Sie einfach los! Übung macht den Meister, wie im wahren Leben. Wenn Sie also am Anfang nur wenig herausfinden, ist das nicht schlimm. Sie werden sich wundern, wie schnell Sie Fortschritte machen!

1. Suchen Sie sich zunächst einen Ort, von dem aus Sie andere beobachten können, ohne unangenehm aufzufallen.
➡ ein Café (oder dessen Terrasse)
➡ einen öffentlichen Platz
➡ ein öffentliches Verkehrsmittel

2. Achten Sie auf folgende Punkte, um erste Mutmaßungen anzustellen:
➡ geschätztes Alter
➡ tatsächliches Alter
➡ Kleidungsstil
➡ äußere Zeichen des Wohlstands
➡ Hände (strapaziert, gefleckt, sauber, manikürt, vernachlässigt, abgekaute Nägel, gelbe Finger, Hornschwielen vom Schreiben, Schmuck, etc.)
➡ Frisur
➡ sichtbare Tätowierungen
➡ Schuhe (Zustand, Stil, etc.)
➡ weitere äußere Zeichen (wenn die Person eine Zeitung in der Hand hat, können Sie auf ihre Gesinnung schließen, ihre Interessen, etc.; wenn sie eine Einkaufstüte trägt, können Sie ableiten, ob sie alleine wohnt, welche Gewohnheiten sie hat, welche Probleme, etc.; wenn Sie ihr Handy sehen, können Marke und Zustand aufschlussreich sein, etc.)

Stellen Sie sich klare Fragen, wie „Warum ist diese Person um diese Uhrzeit hier?", beantworten Sie sie und überlegen Sie, wie hoch die prozentuale Wahrscheinlichkeit ist, dass Ihre Hypothesen zutreffen.

 Ich empfehle Ihnen, ein Hypothesenheftchen zu führen, in das Sie Ihre Fortschritte notieren.

Die Kunst der Deduktion ist sehr empirisch – und macht abhängig. Sie schärft Verstand und Logik und hilft Ihnen dabei, die Welt klarer wahrzunehmen. Willkommen im Club der *Cold Reader*!

PSYCHOLOGISCHES ANKERN
ZUR ENTSPANNUNG

Ich kann Sie zwar leider nicht in Harry Potter verwandeln – tut mir leid, Dumbledore hat es mir verboten –, aber dafür kann ich Ihnen beibringen, wie Sie Ihren eigenen Patronus zaubern. Ich habe mich ja oft gefragt, ob sich J.K. Rowling von der Wirkungsmacht der NLP inspirieren ließ, als Sie dieses Schutzwesen erdachte. Wie bitte? NLP?! Versierte Hip-Hopper denken jetzt vermutlich an die französische Hip-Hop-Band desselben Namens, aber ich spreche natürlich von Neuro-Linguistischer Programmierung (NLP), die in den 1970er-Jahren von Richard Bandler, einem Mathematiker, und John Grinder, einem Linguisten, entwickelt wurde. Wie Sie sehen, hat das rein gar nichts mit französischem Rap zu tun.

Was ich eigentlich sagen will, ist: Wenn Sie eine bestimmte Emotion verspüren möchten, können Sie Ihren Verstand entsprechend programmieren. So einfach ist das. NLP bezeichnet dieses Phänomen als Ankern. Man kann in der Tat jede Emotion oder jeden Zustand programmieren, doch ich rate Ihnen, diese Technik nur zur Stressbewältigung zu nutzen, zum „Runterkommen". Ankern Sie mit einem positiven Gefühl und drücken Sie den magischen Knopf – den wir jetzt gemeinsam kreieren werden!

➡ **1.** **Legen oder setzen Sie sich zunächst einmal hin.** Sie müssen sich wohlfühlen und vollkommen entspannt sein. Achtung! Nicht das Buch fallen lassen! Wie würden Sie denn sonst weitermachen? Lesen Sie lieber erst alle Schritte ganz in Ruhe durch. Sorgen Sie unbedingt dafür, dass Sie nicht gestört werden und dass Ihr Handy auch wirklich ausgeschaltet ist. Atmen Sie mehrmals tief ein und aus und entspannen Sie Körper und Geist. Dieser Schritt nennt sich positive Konditionierung.

➡ **2.** **Überlegen Sie, welche Energie/Emotion Sie ankern möchten.** Möchten Sie sich bombig fühlen? Glücklich? Oder einfach nur zufrieden? Ihre Entscheidung. Lassen Sie sich Zeit, hetzen Sie nicht, ich bin ja noch da, wenn Sie das Buch wieder öffnen (falls nicht, schicken Sie mir bitte ein Foto Ihres leeren Buches via Instagram, das wäre nämlich der Knaller!).

➡ 3. Wählen Sie nun eine Erinnerung aus, die zur Energie passt, für die Sie sich im vorherigen Schritt entschieden haben. Vermeiden Sie es, flüchtige Momente auszuwählen, da sie zu kurz sind und die Emotionen nicht intensiv genug. Wählen Sie stattdessen lieber eine Erinnerung, die Sie sehr präsent haben, eine Emotion, die Sie noch immer fühlen können und die sich gut übertragen lässt.

➡ 4. Dieser Schritt ist der Beste! Sie können nun Ihren „magischen Knopf" installieren, Ihren Anker! Ihr Anker ist eine Geste, die Sie immer dann ausführen werden, wenn Sie Ihre Energie/Emotion abrufen möchten. Ich empfehle Ihnen, eine diskrete Geste zu wählen. Die Choreografie von Y.M.C.A. zu ankern mag vielleicht auf der Tanzfläche für totale Entspannung sorgen, aber ganz sicher nicht im Büro oder im Unterricht. Zu den klassischen Gesten gehören: die Hand auf den Bauch legen, ein Ohrläppchen berühren oder die Finger kreuzen. Sie können auch ein bestimmtes Musikstück oder einen Talisman auswählen.

➡ 5. Und jetzt kommt der ultimative Schritt: das Ankern selbst. Drücken Sie den Knopf und rufen Sie die Energie/Emotion ab, für die Sie sich entschieden haben. Hierfür sollten Sie zunächst das Ankern üben, wie in Schritt 4 erklärt (beispielsweise indem Sie über Ihren Handrücken streichen), und die in Schritt 3 ausgewählte Erinnerung aufleben lassen. Schließen Sie die Augen und tauchen Sie in Ihre Erinnerung ein. Erinnern Sie sich nicht nur an die Eindrücke und Gefühle, sondern geben Sie sich ihnen ganz und gar hin, wie beim ersten Mal. Nehmen Sie sich alle Zeit, die Sie benötigen, und wiederholen Sie diesen Schritt gegebenenfalls mehrmals hintereinander.

➡ 6. Sie sind programmiert! Ab jetzt können Sie jedes Mal, wenn Sie sich gestresst fühlen, Ihren Anker setzen und mit der verknüpften Energie entspannen. Die Geste wird schon bald zu einem Reflex werden, einem emotionalen Mechanismus, einer körperlichen Erinnerung. Ohne es zu merken, werden Sie in stressigen Situationen Ihren Anker setzen und sofort entspannen.

→ 7. Betrachten Sie das Ankern als eine Tugend. Je mehr Sie üben, desto wohler werden Sie sich fühlen. Wiederholen Sie so oft wie möglich die Schritte 1 bis 5, vor allem am Anfang, damit sich der Anker tiefer eingraben und besser funktionieren kann. Ich darf nun mit Worten schließen, die einst auch durch den Verbotenen Wald hallten: Expecto Patronum*!

> Als ich das Ankern gelernt habe, fiel mir auf, dass ich über eine schlechte emotionale Erinnerung verfüge. Ich hatte große Schwierigkeiten, mich an schöne Momente zu erinnern. Dabei habe ich nur nach einer zu starken Emotion gesucht, zum Beispiel einem Lottogewinn! Sollten Sie sein wie ich, schlage ich vor, dass Sie einfach die beste emotionale Erinnerung der letzten zwei Wochen auswählen. Es muss nichts Außergewöhnliches sein. Finden Sie den Moment, in dem Sie sich in den letzten zwei Wochen am Wohlsten gefühlt haben. Vielleicht versteckt er sich in einer banalen Erinnerung. In meinem Fall war es ein Abend, an dem ich erschöpft nach Hause kam, mich auf die Couch legte, eine DVD ansah und dabei etwas aß. Alleine die Tatsache, dass ich mich endlich ausruhen konnte, löste ein Wohlbefinden in mir aus, das mehr als ausreichend für einen Anker war. Lassen Sie sich also nicht entmutigen und suchen Sie einfach nach Ihrem schönsten Moment der letzten Tage.

* Wenn Sie den Bezug noch immer nicht hergestellt haben, empfehle ich Ihnen, eine Buchreihe namens „Harry Potter" zu lesen. Meine mentalen Fähigkeiten sagen mir, dass die Bücher bei Ihnen einschlagen werden wie eine Bombe!

ALLES ABSPEICHERN
MIT PVO

Hinter diesem, einer Detektivagentur würdigen Namen verbirgt sich ein sehr ausgetüftelter Code, der es Ihnen ermöglicht, auf einem bestimmten Gebiet schnell eine Vielzahl an Informationen abzuspeichern. Okay, diese Einleitung tut weh. Sind Sie noch da? Sehr gut!

Das PVO-System wurde entwickelt, um Informationen in Form einer Bildsequenz zu codieren. Voraussetzung dafür ist allerdings, dass die fraglichen Informationen bereits bekannt sind. Wahrscheinlich fragen Sie sich jetzt, wozu man ein System braucht, um sich Dinge zu merken, die bereits bekannt sind. Gut aufgepasst, Watson! Ganz einfach: Weil besagte Informationen vollkommen ungeordnet sind und Sie sie sich in einer bestimmten Ordnung merken müssen.

Die Methode lässt sich am einfachsten anhand eines Beispiels erklären. Daher werden wir uns zum besseren Verständnis ein komplettes Kartenspiel merken, und zwar in allen Details.

➡ 1. ERSTELLEN SIE IHR PVO-SYSTEM

Die Abkürzung PVO steht für Person – Verb – Objekt. Das heißt, Sie ordnen jeder Karte drei Merkmale zu.

 BEISPIEL:
Pik-Ass: Albert – arbeitet – Auto

Codieren Sie alle Spielkarten. Das dauert eine Weile, aber dafür müssen Sie das in Ihrem Leben nur ein einziges Mal machen. Dasselbe gilt für das Auswendiglernen. Auch das dauert (am besten, Sie lernen die Karten in 13er-Gruppen), aber wenn Sie es einmal drauf haben, dann für immer.

 TIPP: Visualisieren Sie die Karten beim Lernen, damit Sie sie sich besser einprägen können.

So könnte Ihr PVO-System für ein Kartenspiel aussehen. Ich rate Ihnen aber dringend, Ihr eigenes System zu entwickeln! Nichts ist logischer als Ihre eigene Logik!

KARTEN	BILDER	KARTEN	BILDER	KARTEN	BILDER	KARTEN	BILDER
Pik-Ass	Asterix arbeitet Auto	Herz-Ass	Alice atmet Ameise	Karo-Ass	Anastasia angelt Auster	Kreuz-Ass	Achilles aalt Abendrot
P-2	Bibi brüskiert Blocksberg	H-2	Benjamin blamiert Blume	K-2	Balu befreit Baumkuchen	Kr-2	Bugs Bunny brät Beton
P-3	Tick, Trick und Track trinken Tee	H-3	Tarzan träumt Traktor	K-3	Tigger tanzt Trampolin	Kr-3	Timon torpediert Tanne
P-4	Mickey mampft Mango	H-4	Minnie melkt Mercedes	K-4	Mogli mogelt Mikado	Kr-4	Manfred mischt Metall
P-5	Donald dreht Diaprojektor	H-5	Daisy duscht Diadem	K-5	Dagobert drückt Dollarschein	Kr-5	Dussel droht Dessert
P-6	Charlie chlort Canyon	H-6	Calvin coacht Campus	K-6	Crusella chillt Chanel	Kr-6	Calimero codiert Chili
P-7	Gargamel graviert Granit	H-7	Garfield gurgelt Graupen	K-7	Goofy grunzt Gluten	Kr-7	Gustav gurtet Grüntee
P-8	Herkules häkelt Hanf	H-8	Hera hustet Handtasche	K-8	Hades heult Handy	Kr-8	Hermes hüpft Haselnuss
P-9	Schlaubi spinnt Sägemehl	H-9	Super Mario seziert See-ungeheuer	K-9	Scooby-Doo seufzt Spinne	Kr-9	Silver-Surfer saust Schnecke
P-10	Popeye packt Plastik	H-10	Prinz Eisenherz pulvert Pastinake	K-10	Power Girl poliert Pappteller	Kr-10	Der Piguin piekst Puffreis
P-Bube	Peeta poliert Pflasterstein	H-Bube	Harry halbiert Hufeisen	K-Bube	Ron räkelt Rasen	Kr-Bube	Robin raspelt Rührei
P-Dame	Katniss kämpft Kastanie	H-Dame	Hermine heult Heftpflaster	K-Dame	Ginny gähnt Granate	Kr-Dame	Catwoman chippt Chanson
P-König	Snow sägt Schwan	H-König	Dumbledore dümpelt Dorfteich	K-König	Voldemort verdrückt Vokuhila	Kr-König	Batman bellt Banane

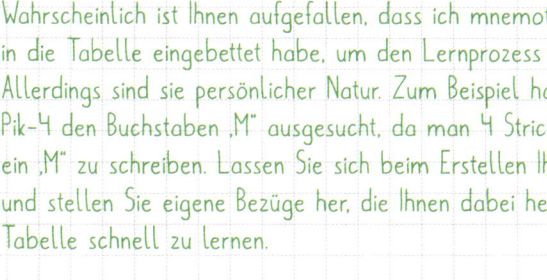

Wahrscheinlich ist Ihnen aufgefallen, dass ich mnemotechnische Prinzipien in die Tabelle eingebettet habe, um den Lernprozess zu begünstigen. Allerdings sind sie persönlicher Natur. Zum Beispiel habe ich für die Pik-4 den Buchstaben „M" ausgesucht, da man 4 Striche benötigt, um ein „M" zu schreiben. Lassen Sie sich beim Erstellen Ihrer Tabelle Zeit und stellen Sie eigene Bezüge her, die Ihnen dabei helfen werden, die Tabelle schnell zu lernen.

2. MERKEN SIE SICH DAS KARTENSPIEL

Keine Angst, Sie müssen sich nicht das komplette Kartenspiel merken, sondern nur 18 Szenen! Genauso wie wir es im Kapitel „Wie merke ich mir ein Kartenspiel – Einfache Version" auf Seite 88 gelernt haben. Legen Sie immer drei Karten aus und merken Sie sich, wie die Person der ersten Karte die Tätigkeit der zweiten Karte mit dem Objekt der dritten Karte ausführt.

BEISPIEL: Pik-6 – Herz-Ass – Kreuz-Bube. Sie stellen sich folgende Szene vor: Charlie atmet Rührei (richtig, das ist ziemlich eklig …).

Legen Sie diese Szene (wie in der einfachen Version auf Seite 88) am ersten Spot Ihres Gedächnispalastes ab – und nutzen Sie die Gelegenheit, Ihren Palast auszubauen oder einen neuen mit noch mehr Spots zu errichten!

Legen Sie die Karten weiter in Dreiergruppen aus und merken Sie sich jede neue Szene. Mit ein wenig Übung werden Sie sich das Kartenspiel schnell merken können. Und wer weiß, vielleicht wird es Sie schon bald in den Fingern jucken, sich zwei Kartenspiele hintereinander zu merken!

ZUR ANWENDUNG: Das PVO-System ist schwer zu beschreiben, aber einfach in der Ausführung und wie für Ihre Neuronen gemacht. Haben Sie es erst einmal erstellt, können Sie es immer dann anwenden, wenn Sie sich eine Fülle ungeordneter, sich wiederholender Daten merken müssen.

DER MENTALE

ABAKUS

Der chinesische Abakus wurde 600 n. Chr. entwickelt (also vor über 1.800 Jahren!). Er ist ein einfaches mechanisches Rechenhilfsmittel, quasi ein Vorfahre unseres heutigen Taschenrechners. Sie fragen sich, weshalb wir ihn heute noch benutzen sollten, wo er doch der Vergangenheit angehört?

1. um etwas neues zu lernen

2. um die Kapazitäten unseres Gehirns besser auszuschöpfen

3. um erst mit und dann ohne Abakus schneller Kopfrechnen zu können

Die Arbeit mit dem Abakus verbindet eine gedankliche Leistung mit einer operativen Handlung. In der Tat ist unser Gehirn sehr gut in dieser Art von Verknüpfungen, man muss es nur machen lassen. Sind Sie bereit? Dann prägen Sie sich die hier abgebildeten Rechenschieber gut ein, damit Sie im Anschluss mit ihnen kopfrechnen können. Sie werden beeindruckt sein!

Besorgen Sie sich einen chinesischen Abakus (man findet Sie im Internet in allen Preisklassen) oder üben Sie, indem Sie einen Rechenschieber auf ein Blatt Papier zeichnen (Rahmen, Trennleiste und Stäbe) und getrocknete Erbsen statt Rechensteine verwenden.

Lassen Sie mich Ihnen nun erklären, wie wir den Abakus verwenden, um Grundrechenarten wie Additionen auszuführen.

➡ 1. DIE GRUNDLAGEN

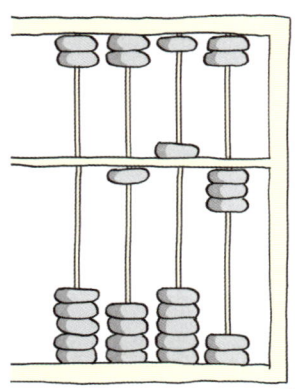

1. Der Stab ganz rechts steht für die Einerstellen, der Stab links daneben für die Zehnerstellen, der daneben für die Hunderterstellen, etc.

2. Den Kugeln unterhalb der Trennleiste (d e Stäbe mit 5 Kugeln) haben jeweils den Wert „1" (Einer) und die oberhalb der Trennlinie (die Stäbe mit 2 Kugeln) den Wert „5" (Fünfer).

Um eine Zahl zu „schreiben", müssen Sie die entsprechenden Kugeln Richtung Trennleiste schieben. Betrachten Sie die Leiste als eine Art Lektürehilfe.

Beispiel: Die Zahl 153 „schreibt" sich so.

3. Wir schlussfolgern: Wenn alle Einer eines Stabs nach oben wandern (also „5"), können wir sie wieder nach unten schieben und durch eine Kugel oberhalb der Trennleiste desselben Stabs ersetzen (da sie den Wert „5" besitzt).

4. Wir schlussfolgern des Weiteren: Wenn zwei Fünfer eines Stabs nach unten wandern (also „10"), können wir sie wieder nach oben schieben und durch eine Einer-Kugel unterhalb der Trennleiste des Stabs links daneben ersetzen.

➡ 2. DIE GRUNDRECHENART ADDITION

Wenn Sie Addieren, „schreiben" Sie die erste Zahl (die Einerstelle) normal, indem Sie die Kugeln des rechten Stabs entsprechend schieben. Ergänzen Sie nun die zweite Zahl (die Zehnerstelle), indem Sie die Schritte 3 und 4 anwenden, dann die nächste Zahl (die Hunderterstelle), etc.

Beispiel: 264 + 79

264 =

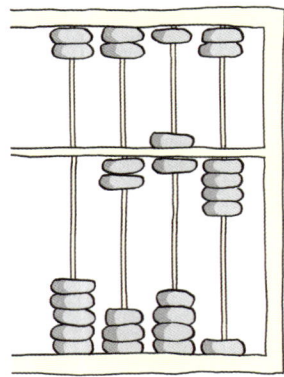

264 + 9 =

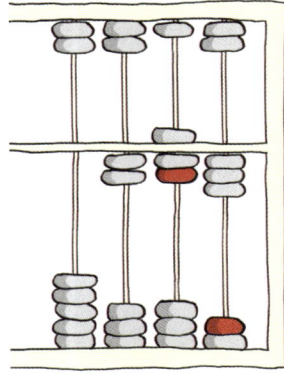

273 + 70 =

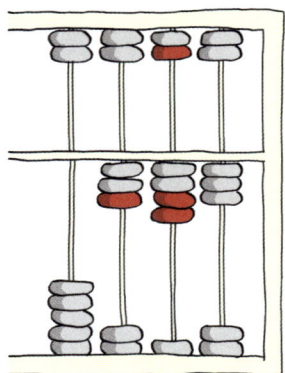

Üben Sie Additionen zunächst mit einem richtigen Abakus, um den Umgang mit dem Rechenschieber zu verinnerlichen, bevor Sie ihn im Kopf verwenden. Wenn Sie so weit sind, stellen Sie sich vor, wie Sie die Kugeln gedanklich verschieben und gleichzeitig „mitlesen". Mit ein wenig Übung werden Sie immer schneller zum Ergebnis gelangen und sicherer Kopfrechnen können als andere, weil Sie Ihre Ergebnisse nur gedanklich ablesen müssen.

Falls ich Sie auf den Geschmack gebracht haben sollte, können Sie im Internet ganz leicht herausfinden, wie man mit dem Abakus subtrahiert, multipliziert und dividiert. Es ist einfacher, die Funktionsweisen eines Rechenschiebers live zu lernen (es werden tatsächlich Kurse angeboten!) oder per Video. Haben Sie den Abakus-Jieper? Na, dann los!

ICH ZÄHLE AUF SIE...

ERZWINGEN SIE
EINE ZAHL

Es gibt verschiedene Methoden, eine Zahl in einer Person zu implementieren. Die Technik mag zwar variieren, der psychologische Kniff ist jedoch immer derselbe. Da der Erfolg jedoch nie zu 100 % garantiert ist, müssen Sie bereit sein, ein gewisses Risiko einzugehen. Aber ganz ehrlich, das macht die Sache nur umso spannender!

Anders formuliert: Ich kann Ihnen zwar die Technik für einige Zahlen verraten, aber leider nicht aufzwingen, denn sobald man zugibt, dass man jemandem seinen Willen aufzwingen möchte, ist das Scheitern vorprogrammiert.

Lesen Sie hier die genauen Wortlaute, mit denen Sie jemandem eine bestimmte Zahl aufzwingen kann.

➡ 1. TTT

„Denken Sie an eine dreistellige Zahl. Alle Ziffern müssen ungerade sein. Auch müssen alle Ziffern gleich sein. Sie haben jetzt Ihre dreistellige, ungerade Zahl mit den drei gleichen Ziffern gefunden! Wie lautet sie?"
Drängen Sie die Person jedes Mal, Ihnen ihre Antwort umgehend mitzuteilen, schließlich möchten Sie nicht, dass sie nachdenkt oder eine überlegte Wahl trifft. Ihr Ziel ist, dass sie die Zahl nennt, die ihr durch den Kopf schießt. Die Antwort lautet in diesem Fall – wahrscheinlich haben Sie es schon erraten – **333.**

➡ 2. TCTS

„Denken Sie an eine zweistellige Zahl. Aber Achtung! Die Zahlen müssen ungerade und ungleich sein. Sie haben jetzt Ihre Zahl gefunden! Wie lautet Sie?"
Bei dieser Zahl kann es sein, dass Sie scheitern. Die Antwort, die Sie erwarten, lautet **35**, doch es kommt öfter vor, dass die **37** genannt wird. Kalkulieren Sie also sicherheitshalber Ihr Scheitern beim Erzwingen bestimmter Zahlen ein.

➡ 3. S

„Ich werde Sie nun bitten, mir spontan zu antworten, ohne nachzudenken, so schnell wie möglich. Nennen Sie mir irgendeine Zahl zwischen 1 und 10. Jetzt! Wie lautet die Zahl?"

Die erwartete Antwort lautet 7. Es gibt viele Gründe für diese spontane Antwort, zum Beispiel weil unsere Wahlmöglichkeiten limitiert sind, oder weil uns die Zahl 7 seit unserer Kindheit geläufig ist. Wir kennen Sie aus Märchen („Die 7 Zwerge"), aus kulturellen Kontexten (die 7 Weltwunder), aus religiösen Bezügen (die 7 Todsünden), aus Redewendungen („auf Wolke sieben sein", „im siebten Himmel", „seine sieben Sachen packen"), etc.

Rechnen Sie immer damit zu scheitern, wenn Sie bestimmte Antworten psychologisch erzwingen möchten. Scheitern gehört dazu. Trotzdem werden Ihre Erfolge Ihre Misserfolge übersteigen. Versuchen Sie auch, eigene Strategien zu entwickeln. Wie würden Sie zum Beispiel vorgehen, wenn Sie die Zahl „17" erzwingen wollten? Überlegen Sie sich Ihre Wortwahl, probieren Sie verschiedene Formulierungen aus und notieren Sie Ihre Ergebnisse, um Ihr Script zu verfeinern und Ihre Erfolgsquote auf über 90 % zu steigern.

GESCHICKT
VERHANDELN

Wenn Sie Ihr Gehirn clever einsetzen – und parallel das Ihres Gegenübers analysieren –, können Sie lernen, schematische Abläufe zu kontrollieren. Zum Beispiel Verkaufsgespräche, die zu gleichen Teilen von zwei Personen gesteuert werden:

➡ **vom Verkäufer,** der eine Ware besitzt und dem Käufer den Zugang zum gewünschten Produkt ermöglicht.

➡ **vom Käufer,** der bezahlt und entscheidet, ob er dem Verkäufer sein Geld geben möchte, oder nicht.

Zu Beginn der Verhandlung glauben beide, dass sie am längeren Hebel sitzen und sich nicht in die Karten schauen lassen werden. Die Stärken und Schwächen sind also gleichmäßig verteilt. Natürlich geht man unterschiedlich vor, wenn man sein Gehalt, den Preis einer Ware oder mit einem Unternehmen verhandelt, etc. Die Verhandlung selbst beginnt jedoch immer dann, wenn eine der Parteien „nein" sagt. Folgende grundlegende Tipps und Tricks werden Ihnen dabei helfen, alle Facetten dieses „Sports" zu verstehen.

➡ 1. TIPP 1

Bereiten Sie sich auf die Verhandlung vor. Entweder lange vorher oder wenigstens einige Minuten vor dem Gespräch. Egal, um was es geht, Sie müssen Ihre Argumente parat haben. Versetzen Sie sich in die Position des anderen. Überlegen Sie, was Ihr Gegenüber sagen könnte, und bereiten Sie Ihre Gegenargumente vor.

➡ 2. TIPP 2

Finden Sie heraus, mit wem Sie es zu tun haben. Ist er der Chef? Ein Verkäufer? Wie verhält er sich gegenüber anderen? Ist er Praktikant? Hängt er von Ihnen ab? Versuchen Sie, seinen Status zu ermitteln und welche Möglichkeiten er hat, um die Verhandlung zu beeinflussen.

➡ 3. TIPP 3

Überlegen Sie sich Lösungsvorschläge, die Sie wie Joker aus dem Ärmel ziehen, wenn Sie nicht mehr weiterkommen. Wenn Sie im Vorfeld über Alternativen nachgedacht haben, unterbreiten Sie sie nicht aus der Not heraus, sondern weil Sie bereits wissen, dass sie Ihnen genauso zusagen wie der erste Deal.

➡ 4. TIPP 4

Seien Sie kompromissbereit. Entgegen landläufiger Vorstellungen sollte es keine Verlierer geben. Eine gute Verhandlung beinhaltet, dass beide Parteien mit dem Ergebnis zufrieden sind. Um das zu erreichen, werden beide von ihren anfänglichen Zielen abrücken, sich Zugeständnisse machen und schließlich in der Mitte treffen. Sie sollten daher, um den nötigen Spielraum zu haben, Ihre Ziele zu Beginn der Verhandlung immer etwas höher stecken.

➡ 5. TIPP 5

Provokationen. Ignorieren Sie es, wenn Ihr Gegenüber Sie mit einem kategorischen „Nein" oder einem Ultimatum unter Druck zu setzen versucht! Reagieren Sie nicht beziehungsweise antworten Sie nicht darauf, sondern machen Sie einfach weiter. Lassen Sie Ihr Ego beiseite und tun Sie so, als würde Sie diese Absage nicht weiter stören.
Sollten Sie sich jedoch selbst für ein „Nein" entscheiden oder ein Ultimatum setzen, dann müssen Sie das auch durchziehen! Wenn Sie „Gut, dann gehe ich eben" sagen, dann müssen Sie auch gehen. Vielleicht hält er Sie ja auf. Falls nicht, gehen Sie trotzdem! Das Geheimnis einer guten Verhandlung ist, dass man verzichten können muss. Wenn Sie das nicht können, dann bedeutet das, dass Sie nicht wirklich verhandeln wollen, sondern es nur für den Fall versuchen, dass es klappen könnte.

DIE BESTE ART
ZU LERNEN

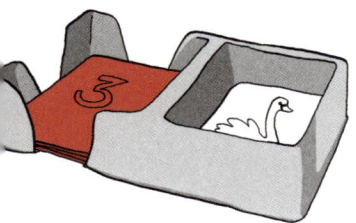

Im Jahr 1970 entwickelte der deutsche Publizist Sebastian Leitner eine Lernsystematik mit Karteikarten, heutzutage auch Flashcards genannt. Leitner stützte sich hierbei auf die experimentelle Arbeit eines anderen Deutschen, der sich folgende einfache Frage gestellt hatte: „Kann man sich Informationen mit kognitiven Mitteln besser merken?" Man kann, wie Sie gleich anhand meiner ziemlich genialen Methode feststellen werden.

➡ 1. Schreiben Sie eine einfache, kurze, präzise formulierte Frage auf die Vorderseite einer Karteikarte und die Antwort auf die Rückseite. Sie können Informationen auch teilen, Vokabeln im Pingpong-Style aufbereiten (die Fremdsprache vorn, die Muttersprache hinten), etc. Alles ist möglich. Überlegen Sie am besten anhand Ihres Lernmaterials, wie Sie Ihre Karten sinnvoll gestalten.

➡ 2. Unterteilen Sie eine Box in mehrere Fächer (ideal sind sieben). Räumen Sie alle Karten ins erste Fach. Zum Lernen nehmen Sie nun eine der Karten heraus, lesen die Frage und beantworten sie. Ist die Antwort richtig, kommt die Karte ins zweite Fach. Ist die Antwort falsch, kommt die Karte wieder ins erste Fach, jedoch hinter die anderen Karten.

➡ 3. Gehen Sie jeden Tag alle Karten aus dem ersten Fach durch. Wiederholen Sie ebenso alle Karten aus dem zweiten Fach. Alle Karten, die Sie richtig beantwortet haben, kommen ins dritte Fach, die anderen ins zweite. Auf diese Weise entsteht mit jedem Fach ein natürlicher Lernzyklus. Mittlerweile dürfte klar sein, dass es darum geht, ein logisches Schema zu entwickeln, das mittels Wiederholung Ihren Lernprozess optimiert und erworbenes Wissen Schritt für Schritt festigt. Flashcards gehören zu den effizientesten Lernstrategien, setzen Sie sie daher so oft wie möglich ein.

Ich rate Ihnen, statt mehrerer Fächer mehrere Boxen anzulegen und sie wie folgt zu benutzen:
1. Box: jeden Tag
2. Box: jeden zweiten Tag

3. Box: jede Woche

4. Box: jeden Monat

4. Box: jeden dritten Monat

5. Box: jedes halbe Jahr

6. Box: jedes Jahr

Als kleinen Trick empfehle ich Ihnen, auf jede Box den Tag zu schreiben, an dem Sie sie wieder verwenden werden und das Datum in Ihren Kalender einzutragen. Für die Nerds unter uns gibt es auch Webseiten oder Apps, um sich die Termine online zu notieren. Flashcards sind sehr nützlich, wenn man zum Beispiel Erinnerungstabellen wie jene lernen möchte, die ich Ihnen zu Beginn des Buchs vorgestellt habe. Malen Sie hierfür die Bilder auf die Vorderseite und schreiben Sie die Zahl auf die Rückseite.

VIEL SPASS BEIM LERNEN!

VERBLÜFFEN SIE
DREI PERSONEN GLEICHZEITIG

Eine Person zu verblüffen ist lustig. Aber noch lustiger ist es, zwei Personen zu verblüffen. Und der Knaller ist, drei Personen gleichzeitig zu verblüffen. Sie können das auch!
Es geht sogar ganz einfach, und zwar indem Sie andere Personen zusehen lassen oder direkt involvieren. Um letzteren Aspekt geht es mir bei diesem Trick, und ich sage bewusst Trick, denn um Ihren Erfolg zu garantieren, schlage ich Ihnen eine Methode vor, die wirklich safe ist und zu 100 % gelingen wird.

➡ **1.** Bitten Sie drei Personen, sich eine Zahl zwischen 1 und 9 zu überlegen, und zwar jeder für sich. Die drei dürfen sich dabei nicht unterhalten/absprechen.

➡ **2.** Bitten Sie die dritte Person, ihr Handy herauszuholen, die Taschenrechnerfunktion zu aktivieren und es der ersten Person zu reichen.

➡ **3.** Bitten Sie nun die erste Person, die Zahl einzutippen, die sie sich überlegt hat, diese mit „2" zu multiplizieren, danach „plus 3" einzugeben und das Handy der zweiten Person zu reichen. Sie können den Dreien währenddessen den Rücken zudrehen.

➡ **4.** Die zweite Person multipliziert das Ergebnis mit „5", addiert ihre Geheimzahl und reicht das Handy der dritten Person.

➡ **5.** Die dritte Person, die ihr Handy gerade zurückbekommen hat, multipliziert das Ergebnis mit „10", addiert ihre Geheimzahl und tippt auf das Gleichheitszeichen.

➡ **6.** Fragen Sie die dritte Person nach dem finalen Ergebnis. Drehen Sie sich wieder um – und verkünden Sie die Zahlen, an die jeder gedacht hat!

DER TRICK:

Ziehen Sie im Kopf 150 vom Ergebnis ab.

BEISPIEL: Wenn das Ergebnis 276 lautet, rechnen Sie „276-150" und merken sich „126". Ich rate Ihnen, diesen Schritt zweizuteilen. Ziehen Sie erst „100" ab und dann „50". Auf diese Weise verrechnen Sie sich nicht so schnell.

Das Ergebnis entspricht einem Code, der bereits die Lösung enthält.
➡ Die erste Zahl, also die Hunderterstelle, entspricht der Zahl der ersten Person.
➡ Die zweite Zahl, also die Zehnerstelle, entspricht der Zahl der zweiten Person.
➡ Die dritte Zahl, also die Einerstelle, entspricht der Zahl der dritten Person.

BEISPIEL:
Das Ergebnis lautet 643

$$643-100 = 543$$
$$543-50 = 493$$

Erste Person: 4

Zweite Person: 9

Dritte Person: 3

DER TRICK IST EINFACH, UNTERHALTSAM, GENIAL UND JEDERZEIT ABRUFBAR,

DA SIE IHN IN IHREM GEHIRN ABGESPEICHERT HABEN.

VISUALISIEREN SIE
IN 3D

Ich habe Sie im Verlauf dieses Buches wiederholt dazu aufgefordert, sich Dinge vorzustellen, Bilder im Kopf aufsteigen zu lassen, zu visualisieren, etc. Wahrscheinlich haben Sie das gemacht, aber auf die Schnelle, und sicher waren die Bilder leicht verschwommen, wie ferne Erinnerungen. Es ist jedoch möglich, sich alles, was man will, messerscharf vorzustellen.

Als ich mich näher mit diesem Thema beschäftigt habe, bin ich relativ schnell auf den unglaublichen Erfinder Nikola Tesla gestoßen, der 1856 in Kroatien geboren wurde und in seinem Leben über 700 Patente angemeldet hat! Er sprach ein gutes Dutzend Sprachen, verfügte über ein fotografisches Gedächtnis und über eine außergewöhnliche Vorstellungskraft. Die meisten Erfindungen kreierte Tesla im Geiste, und das von A bis Z, ohne sich Notizen zu machen.

Ich werde Ihnen nun in drei Schritten beibringen, wie Sie Ihre bildliche Vorstellungskraft deutlich verbessern können. Betrachten Sie die Schritte aber bitte nicht als Tests, die Sie bestehen müssen, um zum nächsten Schritt übergehen zu dürfen. Sie müssen jeden Schritt für sich im Schlaf beherrschen, bevor Sie weitermachen, egal wie lange Sie brauchen.

1. Stärken Sie Ihre bildliche Vorstellungskraft, indem Sie die erste Aufgabe üben, bis Sie sie zu 100 % beherrschen.

Machen Sie ein Foto von etwas und drucken Sie es aus, um es überallhin mitnehmen zu können. Speichern Sie das Bild parallel auf Ihrem Handy ab. Betrachten Sie das Foto in allen Details. Lassen Sie sich Zeit, beobachten Sie den Lichtfall, die Farben, die Formen, alles eben.

Rufen Sie jedes Mal, wenn Sie einen Moment Zeit haben, so viele Details wie möglich ab, aber denken Sie bitte nicht in Wörtern. Versuchen Sie lieber, die einzelnen Elemente zu visualisieren, das Bild vor Ihrem geistigen Auge „zu sehen". Zu Beginn wird Ihnen diese Aufgabe ein wenig kompliziert erscheinen, aber ich versichere Ihnen, dass die Bilder schnell kommen werden. Üben Sie so lange, bis Sie das komplette Foto ohne Probleme und bis ins kleinste Detail vor sich sehen können.

⊡→ 2. Machen Sie mit einem Gegenstand weiter. Ich empfehle Ihnen für den Anfang etwas Schlichtes. Gehen Sie vor wie bei dem Foto und richten Sie Ihr Augenmerk auf:
➡ die Textur
➡ das Gefühl beim Anfassen
➡ die Festigkeit
➡ die Temperatur
etc.

Modellieren Sie den Gegenstand so lange dreidimensional im Kopf, bis Sie in der Lage sind, ihn vor Ihrem geistigen Auge in alle Richtungen zu drehen. Halten Sie Ihre Augen dabei fest geschlossen – und gleichzeitig weit geöffnet!

Stellen Sie sich nun Ihren Gegenstand in einer passenden Umgebung vor. Ist es ein Handy, könnten Sie es sich zum Beispiel auf einem Tisch vorstellen:
➡ Wie verhält sich das Licht auf dem Bildschirm?
➡ Wirft das Handy einen Schatten?
➡ Wie würde ein Wassertropfen auf der Oberfläche aussehen?

Ihr Gehirn weiß schon alles. Es kennt die physikalischen Gesetze und vermag alle Folgereaktionen zu antizipieren. Ähnliche Szenarien spielen wir zum Beispiel durch, wenn wir träumen.

⊡→ 4. Stellen Sie sich selbst vor, und zwar in der ersten Person. Betrachten Sie sich nicht von außen, sondern durch Ihre eigenen Augen hindurch. Stellen Sie sich einen Ort vor, an dem Sie sich wohlfühlen und der nicht zu komplex ist (ein Feld, ein Strand, ein Garten, etc.)

> Sie werden feststellen, dass es selbst an einem „einfachen" Ort viel zu visualisieren gibt. Wenn Sie bereits einen Gedächtnispalast kreiert haben, können Sie auch diesen als Ort wählen.

Stellen Sie sich Ihre Umgebung in allen Details vor und aktivieren Sie alle Sinne. Geräusche, Empfindungen, Gerüche, etc. Lassen Sie sich nichts entgehen.
Versuchen Sie nun, im Geiste mit Ihrer Umgebung zu interagieren. Je mehr Details Sie sich vorstellen, desto realistischer und wirkungsmächtiger wird es sich anfühlen.
Verwechseln Sie Visualisierung aber nicht mit Fantasie, die einfach nur ein Produkt Ihrer Einbildungskraft ist. Diese Methode wird Ihnen dabei helfen, sich Dinge realistisch vorzustellen und Schwierigkeiten zu antizipieren, Lösungswege zu prüfen, künftige Entwicklungen vorherzusehen, etc. Wissen Sie was? Ihr Gehirn kann wirklich mehr als Sie denken!